从七种思维看数字经济

郑新立　刘西友　编著

人民出版社

自　序

中国发展数字经济
是为人类社会作出贡献

郑新立

　　迄今为止,人类社会已经经历了三次工业革命,并正在进入第四次工业革命。每一次工业革命都有其标志性的能源和产业。前三次工业革命的能源分别是煤炭、石油和电力,产业分别是由蒸汽机、内燃机和电动机驱动机器大工业。越来越多的迹象表明,新的工业革命将由绿色可再生能源和数字经济驱动。中国作为文明古国,虽然在农业文明时代为人类做出过重要贡献,但在前三次工业革命中落后了。改革开放使中国回到了正确发展轨道,使我们用几十年的时间补上了前三次工业革命落下的功课,终于在第四次工业革命中与发达国家站在了同一起跑线上。从发展趋势看,中国有可能在绿色能源和数字经济的一些重要领域处于领跑地位,从而为人类社会作出贡献。

与传统产业不同,数字经济既具有相对独立的产业形态,包括数字生成、数字传输、数字孪生、数字计算、数字存储、人工智能、数控中心、区块链等;拥有独立的基础设施,如移动和有线网络、数据库、云计算、交换中心等;又与其他产业相互融合,形成工业互联网、物联网、智能交通网等,对传统产业赋能,具有无孔不入的特点。中国率先在全球建立起了泛在、高效的5G网络和数据中心,普及了手机等数据终端设备,带动了电子商务、网上结算和云计算、云课堂、云视频、云商贸、云办公、云签约、云医疗、云游戏等迅猛发展。随着信息获取便利程度的提高和教育的普及,生产和交易成本将会下降,人口素质和劳动技能将不断提升。当前,对传统产业的数字化、智能化改造正紧锣密鼓进行,这项具有重大战略意义的任务完成后,我国产业技术水平和劳动生产率将大幅提升,中国式现代化进程将进一步加快。

中国发展数字经济不仅造福于中国人民,而且造福于整个人类社会。今年是习近平总书记提出"一带一路"倡议十周年。十年来,中国已与151个国家、32个国际组织签署200余份共建"一带一路"合作文件,涵盖互联互通、贸易、投资、金融、社会、海洋、电子商务、科技、民生、人文等领域。中国秉持共商共建共享原则,坚持开放、绿色、廉洁理念,建设项目不断增加,合作规模不断扩大,陆、海、天、网"四位一体"的互联互通布局扎实推进。按照"六廊六路、多国多港"的规划,共形成3000多个互联互通、社会民生合作项目。我国对沿线国家非金融类直接投资超过1400亿美元,展现了一个开放中国的担当和作为。西部陆海新通道建设打通了中国西部地区从成都和重庆出发到太平洋的便捷出海通道。仅在铁路建设方面，中老高铁的建成通车，可使老挝的总收入提高 21%。印尼雅万高铁的建成，开创了印尼的高铁时代。中国帮助非洲建设了长达 6000 公里、共 9 条铁路。据世行报告，共建"一带一路"使参与方贸易增加 4.1%，吸收外资增加 5%，使低收入国家 GDP 增加 3.4%。得益于"一带一路"建设，2012—2021 年，新兴与发展中经济体 GDP 占全球份额提高 3.6 个百分点。世行预测，到 2030 年，共建"一带一路"每年将为全球创造 1.6 万亿美元收益，占全球 GDP 的1.3%。2015—2030 年，760 万人将因此摆脱绝对贫困，3200 万人将摆脱中度贫困。习近平总书记提出了构建人类命运共同体与全球发展倡议、全球安全倡议、全球文明倡议，在全世界引起了强烈共鸣，特别是得到了全球南方的坚定支持。随着"一带一路"建设的推进，中国数字经济的影响力必将超越国界，加快在"一带一路"沿线国家和全球南方布局推广，带动"一带一路"沿线地区和全球南方人民快速进入数字时代，实现跨越式发展，从而分享科技进步给人类社会带来的福祉。

美国政府以国家安全为名，对中国发展数字经济竭尽全力进行打压、围堵、封锁，限制高端芯片及芯片制造设备对中国出口，限制美国企业对中国人工智能和量子技术领域投资，妄图阻止中国数字经济发展，剥夺中国人民对数字经济的发展权，这不仅是徒劳的，而且只能激发中国人民在科技上实现自立自强的义愤，促使中国企业加大研发投入的力度，鞭策中国人民加快缩短与世界先进科技水平的差距。当今时代,一个西方大国依靠对高科技的垄断和强大军事力量,在世界上横行霸道、攫取超额垄断利润的日子已经结束了。

显示屏是数字经济不可或缺的重要器件,回顾中国显示屏技术和产业发展的历史,我们用 30 年时间走完了其他国家 50 年甚至 70 年的发展历程。2022 年,中国显示产业规模持续位居全球首位,显示面板产值达 3600 亿元,占全球的 48%;显示面板出货面积 1.6 亿平方米,占全球市场的 69%。中国在超薄、柔性、透明显示、超高清显示等领域取得明显进步,不断推出了多款全球首发产品,显示面板专利申请量占全球 35%。中国新型显示产业在全球的重要地位逐步确立,其中,薄膜晶体管液晶显示器(TFT-LCD)、有源矩阵有机发光二极体(AMOLED)量产能力增强,电子纸、量子点、印刷显示、激光显示等多种显示技术迅速壮大。

显示技术进步的经验对当前正在奋力攻关的芯片技术具有示范意义。显示技术能够取得突破的重要原因是实施新型举国体制,具体来说:一是由行业龙头企业组织各方面专家实施技术攻关,从原材料、零部件和基础科学、基础工艺做起,一步一个脚印,坚忍不拔、锲而不舍,直至取得成功。如华星光电历时 7 年,潜心攻关,终于突破了全球首款喷墨打印的大尺寸 OLED 屏幕技术。二是由具有足够实力和勇气、决心的企业牵头,组织包括科研机构、大学和相关企业在内的产业联盟,实施协同攻关,联合开发,成果共享。京东方通过国企改制,成为一家员工持股的股份制公司,通过在香港上市筹集建设资金,利用我国超大规模市场优势把企业做大做强,从一个频临倒闭的企业成长为引领全球显示屏技术进步的龙头企业。2022 年在全球液晶智能手机、笔记本电脑、显示器、电视机等五大主流市场的占有率达到24.8%,稳居第一。三是政府对重点技术攻关给予政策鼓励、资金支持,分担风险。华星公司曾得到深圳市政府的大力扶持,京东方在发展最困难的时期始终得到北京市政府的支持。四是实施开放式创新,包括引进人才、技术,国际并购,购买和交换专利,由企业在境外设立研发机构或委托境外机构研发等。

我国数字经济发展曾面临"缺屏少芯"难题。京东方、华星等显示企业的崛起,成功打破了"缺屏"瓶颈,并成为出口拳头产品。今天,我国在显示产业的成功经验正在芯片产业复制。我相信,有了显示产业的经验,中国打破芯片瓶颈只是时间问题,而且不会再像显示产业那样需要 30 年的努力,多则十年,少则五年,中国芯片不仅能够打破美国封锁,满足国内需求,而且必将成为全球市场强有力的竞争者和引领者。在显示屏和芯片产业的带动下,我国数字经济必将走在世界前列。

1956 年,毛主席曾说:"中国应当对于人类有较大的贡献。"在数字经济发展上,中国能走在世界前列,就是为人类做出较大贡献的最好机会。

目　　录

1

目　录

前　　言

　　思维能力及认知方法,是人类认识世界、改造世界的思想武器。每一个时代的思维方式,都是历史的产物。在不同的时代,思维方式具有不同的形式和内容。新时代的思维方式,以其科学性和影响力,反映中国式现代化的历史进程,并推动着强国建设、民族复兴的伟大实践。党的二十大报告指出,不断提高战略思维、历史思维、辩证思维、系统思维、创新思维、法治思维、底线思维能力,为前瞻性思考、全局性谋划、整体性推进党和国家各项事业提供科学思想方法。以习近平新时代中国特色社会主义思想为根本遵循的上述七种科学思维,是马克思主义世界观、历史观、认识论、实践论的有机统一,蕴含着丰富而深刻的马克思主义思想方法、领导方法和工作方法,充分体现了习近平总书记治国理政的哲学智慧。七种科学思维从中国道路和中国实践中升华凝练而成,是根植于坚持和发展中国特色社会主义实践中的完整体系,并在鲜活生动的具体实践中,日益发挥着越来越重要的指导作用,同时不断得以深化与升华。

虽然七种科学思维的内涵、特征、功能各不相同,但彼此之间不是各自孤立的,而是相互贯通、相互作用的,构成一个完整的科学思维体系。其中,战略思维利于判断大势,把握方向;历史思维利于知古鉴今,鉴往知来;辩证思维利于抓住关键,找准重点;系统思维利于以简驭繁,提升效能;创新思维利于与时俱进、开拓创新;法治思维利于厉行法治,依法办事;底线思维利于化危为机、占据先机。七种思维是从马克思主义方法论层面创新的方法论智慧,丰富和推进了对马克思主义方法论的理解运用与融会贯通,具有时代精神、实践智慧和文明新蕴。七种思维贯穿政治能力、调查研究能力、科学决策能力、改革攻坚能力、应急处突能力、群众工作能力、抓落实能力等提高的全过程和各环节。只有真正坚持和运用七种思维,全面提升科学思维能力,才能站在战略和全局的高度观察和处理问题,透过纷繁复杂的表面现象洞悉事物的本质,才能强化工作的前瞻性、实效性,驾驭复杂局面、应对各种挑战。2023 年 5 月,习近平总书记在听取陕西省委和省政府工作汇报时强调,要提升思维能力,把新时代中国特色社会主义思想的世界观、方法论和贯穿其中的立场观点方法转化为自己的科学思想方法,作为研究问题、解决问题的"总钥匙",切实提高战略思维、辩证思维、系统思维、创新思维、历史思维、法治思维、底线思维能力,做到善于把握事物本质、把握发展规律、把握工作关键、把握政策尺度,增强工作科学性、预见性、主动性、创造性。

　　随着网络世界从人人互联、万物互联迈向泛在连接,数字技术的集成创新和代际跃迁不断加速,研究数字经济新情况、新问题,更需要坚持正确的方法论,掌握和运用科学的思想方法。迅速积累的技术能力与巨大的应用需求、海量的数据资源、开放的市场环境有机结合,汇聚了我国数字经济发展的独特优势。新时代蓬勃发展的数字经济实践,倒逼各数字经济参与主体学好用好辩证唯物主义和历史唯物主义,深刻洞察数字经济的时代特征、演进趋势以及诸多具有战略性、系统性、创新性、复杂性的问题,并敏锐地转化成主体思维的自主思想和方法建构,从而塑造出体系化的数字经济思维,进而作用于螺旋式上升的数字经济发展实践。在这一循环往复、不断深化的过程中,坚持实践第一的基本观点和实事求是的思想路线,探索尝试从七种思维看数字经济,将为广大读者在工作学习的多领域掌握并践行七种思维提供切合实际的思路参考,同时为相关从业者尽快形成完善具有中国特色、中国风格、中国气派的方法论提供行之有效的引领示范,也在创新和发展马克思主义立场、观点和方法的前沿探索中,尽一份绵薄之力。

　　近年来,新一轮科技革命和产业变革深入发展,5G 等新一代信息技术加速融入经济社会民生,引发"比特"和"瓦特"的深度融合聚变,提速数字化、网络化、智能化进程,不断催生新的经济业态。截至 2023 年 6 月,我国互联网上网人数达 10.79 亿人,较 2022 年 12 月增长 1109 万人,互联网普及率达 76.4%,即时通信、网络视频、短视频用户规模分别达 10.47 亿人、10.44

亿人和 10.26 亿人。数字经济规模已连续多年位居世界第二,其发展拥有市场规模优势、弯道超车优势和政策制度优势,具有巨大的增长潜力与回旋余地。《"十四五"数字经济发展规划》作为我国数字经济领域的首部国家级专项规划,明确了"十四五"时期推动数字经济发展的指导思想、基本原则、发展目标、重点任务和保障措施,成为指导"十四五"时期各地区、各部门推进数字经济发展的行动指南,正助力我国数字经济健康发展,藉此不断提升广大人民群众对数字化发展的获得感、幸福感和满意度。围绕数字经济发展目标,该规划根据实际情况分为两个阶段:到 2025 年,数字经济迈向全面扩展期,数字经济核心产业增加值占 GDP 比重达到 10%,数字化创新引领发展能力大幅提升,智能化水平明显增强,数字技术与实体经济融合取得显著成效,数字经济治理体系更加完善,我国数字经济竞争力和影响力稳步提升;展望 2035 年,数字经济将迈向繁荣成熟期,力争形成统一公平、竞争有序、成熟完备的数字经济现代市场体系,数字经济发展基础、产业体系发展水平位居世界前列。2023 年发布的《数字中国建设整体布局规划》又提出,加强整体布局,按照夯实基础、赋能全局、强化能力、优化环境的战略路径,全面提升数字中国建设的整体性、系统性、协同性,促进数字经济和实体经济深度融合,以数字化驱动生产生活和治理方式变革,为以中国式现代化全面推进中华民族伟大复兴注入强大动力。

当前,顺应信息化、数字化、网络化、智能化的时代特征、实践规律和发展趋势,要求每一个人都要关注数字经济,增强参与发展数字经济的本领,为推动数字经济更好服务和融入新发展格局献计出力。要在推动发展数字经济过程中形成看家本领,就必须把坚持问题导向和深刻把握七种思维的根本前提、时代指向、基本蕴涵紧密结合起来,把立场观点方法转化为干事创业、攻坚克难的"桥"与"船",培养参与者对于数字经济实践方面的原则性、系统性、预见性和创造性,尤其是分析研究解决数字经济新情况、新问题的能力。党的二十大报告指出,要善于通过历史看现实、透过现象看本质,把握好全局和局部、当前和长远、宏观和微观、主要矛盾和次要矛盾、特殊和一般的关系,不断提高战略思维、历史思维、辩证思维、系统思维、创新思维、法治思维、底线思维能力,为前瞻性思考、全局性谋划、整体性推进党和国家各项事业提供科学思想方法。

总之,无论立足当下,还是放眼未来,都需要增强数字思维、数字认知、数字技能,培育创新型、应用型、复合型的数字经济人才,推动数字化理念深入人心,营造全社会共同关注、积极参与数字经济的良好氛围。在此基础上,提升战略思维、历史思维、辩证思维、系统思维、创新思维、法治思维和底线思维能力,则成为增强数字经济本领的必修课。

第一章　怎样强化数字经济战略思维

　　战略问题是一个国家的根本性问题。我国发展面临新的战略机遇、新的战略任务、新的战略阶段、新的战略要求、新的战略环境，需要在因地制宜、因势而动、顺势而为中把握战略主动，以正确的战略策略应变局、育新机、开新局，需要把谋事和谋势、谋当下和谋未来统一起来，把战略的原则性和策略的灵活性有机结合起来。坚持战略思维，需要统揽全局、高瞻远瞩，善于把握事物发展的趋势和规律。拓展网络经济空间，支持基于互联网的各类创新，推动互联网、大数据、人工智能和实体经济深度融合；数据资源成为与自然资源、人力资源同等重要的战略资源。我国的数字经济发展战略，以及欧盟、美国等地区和国家推动数字经济发展的顶层设计和制度体系，为提升数字经济战略思维提供了翔实的资料和案例。

第一节 战略策略问题关乎事业成败兴衰
和前途命运

战略思维是从全局、大势和长远上把握事物发展总体趋势和方向、客观辩证地思考和处理问题的科学思维。放眼世界,放眼未来,也放眼当前,放眼一切方面,切实提高处理复杂问题、应对复杂局面的战略思维能力,是新时代加快推进中国式现代化的重要内容。习近平总书记指出,做好经济工作是我们党治国理政的重大任务,要坚持宏观和微观、国内和国外、战略和战术紧密结合,坚持问题导向,及时研究重大战略问题,及早部署关系全局、事关长远的问题。要增强战略的前瞻性,准确把握事物发展的必然趋势,敏锐洞悉前进道路上可能出现的机遇和挑战,以科学的战略预见未来、引领未来。要增强战略的全局性,谋划战略目标、制定战略举措、作出战略部署,都要着眼于解决事关党和国家事业兴衰成败、牵一发而动全身的重大问题。要增强战略的稳定性,战略一经形成,就要长期坚持、一抓到底、善作善成,不要随意改变。

一、战略思维问题究其本源是世界观与方法论问题

战略问题关乎事业成败兴衰和前途命运,是一个政党、一个国家的根本性问题。战略思维是改革开放 40 多年经济发展奇

迹的精髓,也是推进中国式现代化这项伟大而艰巨事业的精髓,是在新时代新征程创造新的更大奇迹的密码。战略思维既是科学的世界观,也是科学的方法论,涵盖战略目标、战略决策、战略实施、战略评价等核心要素和关键环节。战略思维能力既是宏观和大局思维能力,也是整体和辩证思维能力。牢牢把握战略策略主动是重要的工作方法和思维理念。预见性、全局性的战略眼光是做好工作的先决条件。我国发展面临新的战略机遇、新的战略任务、新的战略阶段、新的战略要求、新的战略环境,需要以正确的战略策略应变局、育新机、开新局。提炼马克思主义战略思维理论和方法,总结中国共产党人进行战略思维的历史经验并应用到数字经济领域,成为一项重大课题。

二、始终把全局作为观察和处理问题的出发点和落脚点

"不谋全局者不足以谋一域,不谋长远者不足以谋一时。"总揽全局的时候,不能陷入事务主义,也不能平均用力,而要努力抓住本质和重点,以全局利益为最高价值追求,以全球眼光去认识经济发展的形势、走势和态势,切实把手头的工作放到国际国内大背景和经济社会发展的大局中去思考、研究和把握,不断提高所从事工作的原则性、系统性和创造性。正如邓小平同志所强调的,"要提倡顾全大局。有些事从局部看可行,从大局看不可行;有些事从局部看不可行,从大局看可行。归根到底要顾全大局。"长征的每一个行程、每一次突围、每一场战斗都从战略全局出发,既赢得了战争胜利,也赢得了战略主动。习近平总

书记指出，领导干部想问题、作决策，一定要对"国之大者"心中有数，多打大算盘、算大账，少打小算盘、算小账，善于把地区和部门的工作融入党和国家事业大棋局，做到既为一域争光、更为全局添彩。要牢固树立改革全局观，顶层设计要立足全局，基层探索要观照全局，大胆探索，积极作为，发挥好试点对全局性改革的示范、突破、带动作用。

在战略调查、判断、决策、设计以及组织、协调战略实施的每个环节，都要求从全局性、整体性的高站位、宽视野来提出问题、分析问题和解决问题，从而做到通盘谋划、统筹兼顾、科学布局。加强战略思维，增强战略定力，把局部问题放到全局中加以思考，并在研判全局中找出对全局有关键影响的新情况新问题，才能更好统筹国内国际两个大局，牢牢把握战略主动，坚定不移实现我们的战略目标。

三、持续性与前瞻性原则在战略思维中具有深刻的实践意义

战略思维是立足当前面向未来的思维方式。全局是不断发展变化的，决定了战略思维具有持续性和前瞻性。形成战略思维能力，要求具有广博的知识和开阔的视野，遵循正确的战略导向，深谋远虑、驾驭全局、开拓创新、抓住机遇。为了准确预见数字经济的未来发展趋势，要不断加强相关知识的学习和积累，全面搜集与分析相关知识，运用外推法、内推法、反推法等战略思维方法，把握经济社发展的历史、现状以及各种要素间的内在联

系,鉴往知来,由此及彼,认清发展大势,把握发展潮流,敏锐捕捉新情况、新问题、新趋势、新事物,评估事物发展过程和发展阶段,确定战略目标,制定实现战略目标的途径和步骤。一切应服务于长远目标,使当前利益服从于长远利益,甚至必要的时候为了长远利益可以牺牲和放弃当前利益。战略思维能力不但涵盖超前意识和预见能力,也涉及观察能力和辨别能力,还要求具备决策能力和开拓能力和创新能力。同时,需要提高战略应变能力,把战略的坚定性和策略的灵活性结合起来,分析判断发展过程的不确定性因素和可能发生的情况,准确对问题内部的诸多复杂要素进行排序,从中分辨出主要矛盾和矛盾的主要方面,因应情势发展变化,精准制定战略预案,及时调整战略策略,加强对中远期的战略谋划,牢牢掌握战略主动权,做到有备无患,从容应对。

要保持战略清醒,对各种风险挑战做到胸中有数,保持战略自信,增强斗争的底气和本领,在坚决斗争中赢得战略主动。战略一经形成,就要一抓到底、善作善成。正确的战略制定和实施以后,保持"乱云飞渡仍从容"的战略清醒和定力就很关键。历史性变革、系统性重塑、整体性重构的实现,需要勇往直前、风雨无阻,拿出抓铁有痕、踏石留印的韧劲,需要以钉钉子精神抓好落实,做到积厚成势、滴水穿石、久久为功。战略思维是一个动态调整和不断否定的思维范式,不能以战略代替战术,为了明天而偏废了今天,也不能以战术代替战略,只活在今天而不去谋划明天。

四、战略思维是中国共产党人战胜风险挑战的有力保证

谋长远之策,成长治之业,都需要有长远的战略眼光。一百年来,党总是能够在重大历史关头从战略上认识、分析、判断面临的重大历史课题,制定正确的政治战略策略,在坚持马克思主义基本原理的基础上,以宽广视野、长远眼光来思考和把握未来发展面临的一系列重大战略问题,这是党战胜无数风险挑战、不断从胜利走向胜利的有力保证。从开辟农村包围城市、武装夺取政权道路,到提出全面抗战路线,从提出和平与发展是当今时代的主题,到推动构建人类命运共同体,从全面小康到共同富裕,都蕴含丰富的战略思维智慧和经验。

毛泽东同志创造性提出了一系列关于中国革命和建设的战略思想,他强调:"拿战略方针去指导战役战术方针,把今天联结到明天,把小的联结到大的,把局部联结到全体,反对走一步看一步。"在历史转折关头,邓小平同志深刻揭示社会主义本质和中国社会主义初级阶段基本国情,对中国和国际形势作出一系列正确的战略判断,他指出:"要用宏观战略的眼光分析问题,拿出具体措施。"习近平总书记以巨大政治勇气和责任担当,对我国所处历史方位作出科学判断,尤其注重在解决突出问题中实现战略突破,在把握战略全局中推进各项工作。习近平总书记多次强调,战略上判断的准确,战略上谋划的科学,战略上赢得主动,党和人民事业就大有希望。做好经济工作是我们党治国理政的重大任务,要坚持宏观和微观、国内和国外、战略

和战术紧密结合,坚持问题导向,及时研究重大战略问题,及早部署关系全局、事关长远的问题。

第二节　加快发展数字经济是战略问题

长期以来,我国重视将战略思维应用于经济社会运行的顶层设计中。把握数字经济必须有战略思维。从战略层面思考数字经济的发展大势,才能在把握数字经济运行态势过程中对标对表党的理论和路线方针政策,抓准抓好工作的切入点和着力点。党的十八大以来,党中央高度重视发展数字经济,将其上升为国家战略。发展数字经济是建设数字中国的重要内容,是推进中国式现代化的重要引擎,是构筑国家竞争新优势的有力支撑,是构建人类命运共同体的必然选择,具有全球影响和世界意义。中共中央、国务院印发的《数字中国建设整体布局规划》提出,到 2025 年,基本形成横向打通、纵向贯通、协调有力的一体化推进格局,数字中国建设取得重要进展。数字基础设施高效联通,数据资源规模和质量加快提升,数据要素价值有效释放,数字经济发展质量效益大幅增强,政务数字化智能化水平明显提升,数字文化建设跃上新台阶,数字社会精准化普惠化便捷化取得显著成效,数字生态文明建设取得积极进展,数字技术创新实现重大突破,应用创新全球领先,数字安全保障能力全面提升,数字治理体系更加完善,数字领域国际合作打开新局面。到

2035年,数字化发展水平进入世界前列,数字中国建设取得重大成就。数字中国建设体系化布局更加科学完备,经济、政治、文化、社会、生态文明建设各领域数字化发展更加协调充分,有力支撑全面建设社会主义现代化国家。

一、发展数字经济是建设数字中国的重要内容

2014年2月,习近平总书记在中央网络安全和信息化领导小组第一次会议上指出,要制定全面的信息技术、网络技术研究发展战略;2016年10月,习近平总书记在十八届中央政治局第三十六次集体学习时强调,做大做强数字经济,拓展经济发展新空间;2021年10月,习近平总书记在十九届中央政治局第三十四次集体学习时,围绕不断做强做优做大我国数字经济发表了重要讲话。

由于数字中国建设本身的重要性、复杂性和过程性,决定了参与数字中国建设的主体必须具有总揽全局的战略思维能力。数字经济战略思维能力关系到数字中国建设的思路、方向、目标、任务和原则。数字中国涉及的领域更广,内外关系更为复杂,影响更加深远,把握数字中国建设规律更需要有战略思维和全局眼光,善于把具体问题上升到原则上去思考,把当前的问题放在过程中加以思考,以全局利益作为判断是非得失的根本标准,从而把握住数字中国变化和发展的趋势。数字经济战略思维作为推动数字经济健康发展的指导理念和思维方式,既要考虑未来数字中国建设的战略目标,也要设计实现战略目标的具

体过程和行动路径。同时,数字中国相关的新生事物发展不会
一帆风顺,需要始终保持战略自信,保持自信心态的持续性、稳
定性和持续性,将对数字中国建设的战略自信转化为战略自觉
和战略定力,绝不轻易被一些表象的扰动因素所左右,既要有
"不到长城非好汉"的进取精神,更要有"乱云飞渡仍从容"的战
略定力。

二、发展数字经济是推进中国式现代化的重要引擎

战略定位是实现战略目标的首要因素,是研究战略问题的
基本出发点。时代条件是战略决策的主要依据,明确数字经济
自身所处位置才能合理确定战略目标。数字经济战略思维就是
在把握数字经济发展总体趋势、规律和方向的基础上,把数字经
济整体作为战略决策和战略谋划的着眼点和总抓手。加快发展
数字经济,对全面建设社会主义现代化国家、全面推进中华民族
伟大复兴具有重要意义和深远影响。

与传统经济比较,数字经济中的竞争,正从产品竞争转向平
台竞争,从静态竞争转向动态竞争,从资金竞争转向技术、知识
竞争,从营销、销售竞争转向用户、流量竞争。多边、跨界的平台
竞争和算法竞争正与传统的竞争方式相互交织。规模经济和范
围经济的融合所导致的赢者通吃局面,正改变传统的市场竞争
和垄断格局,其中,平台、数据和算法形成了新的竞争市场结构。
与此相对应,数字经济产业和政策不断演化。"十四五"规划纲
要提出,迎接数字时代,激活数据要素潜能,推进网络强国建设,

加快建设数字经济、数字社会、数字政府,以数字化转型整体驱动生产方式、生活方式和治理方式变革。2021 年 11 月《中共中央关于党的百年奋斗重大成就和历史经验的决议》在"开创中国特色社会主义新时代"部分,专门强调"发展数字经济"。加快发展新一代人工智能,即为事关我国能否抓住新一轮科技革命和产业变革机遇的战略问题。我国数字经济在赋能实体经济转型、推动创新突破、助力抗击新冠疫情等方面成效显著,对经济社会健康发展的引领带动作用日益凸显。推动数字经济实现高质量发展,是中国式现代化的本质要求,成为全面建设社会主义现代化国家的重要任务。

三、发展数字经济是构筑国际竞争新优势的有效支撑

世界主要国家均高度重视发展数字经济,纷纷出台战略规划,采取各种举措打造竞争新优势,重塑数字时代的国际新格局。新冠疫情凸显了数字经济在工作、学习和生活中的重要性,也暴露了欧洲在该领域的短板弱项。为了构筑一个以人为中心、可持续、更繁荣的数字未来,捍卫欧盟"数字主权",降低欧盟对外来技术的依赖,2021 年 3 月,欧盟委员会正式发布了《2030 数字罗盘:欧洲数字十年之路》,提出了未来十年欧洲成功实现数字化转型的方向。这一计划主要涉及四大目标:一是拥有大量能熟练使用数字技术的公民和高度专业的数字人才队伍,至少 80% 的成年人应该具备基本的数字技能。二是构建安全、高性能和可持续的数字基础设施,建成 1 万个碳中和的互联

网节点,生产的尖端、可持续半导体(包括处理器)至少占全球总产值的20%。三是加快推进企业数字化转型,四分之三的欧盟企业使用云计算服务、大数据和人工智能。四是推动实现公共服务的数字化,80%的公民使用电子身份证(eID)解决方案,所有关键公共服务都提供在线服务。人工智能是引领未来的战略性技术,世界主要发达国家把发展人工智能作为提升国家竞争力、维护国家安全的重大战略。为了在国际科技竞争中掌握主动权,世界各国政府加紧出台规划和政策,围绕核心技术、顶尖人才、标准规范等强化部署。美国关注人工智能基础与长远研究领域,2019年启动"国家人工智能计划",2022年明确将人工智能列入维护国家安全的关键技术领域。法国2018年发布"人工智能国家战略",次年设立4所人工智能跨学科研究院,其人工智能战略兼顾推动人工智能发展和确保个人权利不受侵犯。加拿大的人工智能战略涵盖法律法规、伦理规范和政策体系。欧盟的人工智能战略参鉴了法国、德国和芬兰的政策举措,通过成员国之间的合作与协调,体现其基于自身价值观而成为全球人工智能领导者的意图。

我国的《新一代人工智能发展规划》提出,到2030年人工智能理论、技术与应用总体达到世界领先水平,成为世界主要人工智能创新中心,智能经济、智能社会取得明显成效,为跻身创新型国家前列和经济强国奠定重要基础。一是形成较为成熟的新一代人工智能理论与技术体系。在类脑智能、自主智能、混合智能和群体智能等领域取得重大突破,在国际人工智能研究领域具有重要影响,占据人工智能科技制高点。二是人工智能产业竞争力达到国际领先水平。人工智能在生产生活、社会治理、国防建设备方面应用的广度深度极大拓展,形成涵盖核心技术、关键系统、支撑平台和智能应用的完备产业链和高端产业群,人工智能核心产业规模超过1万亿元,带动相关产业规模超过10万亿元。三是形成一批全球领先的人工智能科技创新和人才培养基地,建成更加完善的人工智能法律法规、伦理规范和政策体系。

半导体芯片等全球科技竞争引发美国对经济和安全的担忧。为了重振已经落后的半导体芯片技术,确保美国技术制造和国防供应链安全,2022年8月,美国总统拜登签署《2022年芯片和科学法案》,不但对美本土芯片产业提供巨额补贴和减税优惠(授权资金总额高达2800亿美元),而且要求任何接受补贴的公司在美国本土制造芯片,法案还提出五年内大幅增加研究和创新资金。法案的生效或将导致全球工程回流美国,扰乱全球供应链,并重塑全球半导体产业格局。台湾积体电路制造股份有限公司(简称台积电)继2021年6月在美投资120亿美元建设5纳米晶圆厂后,正在扩建第二工厂,将当前全球最先进的3纳米制程工艺带到美国。美国本土的英特尔等半导体企业也有回流美国的意向和倾向。英特尔在法案生效后,宣布斥资200亿美元,在俄亥俄州建立两座先进制程晶圆厂。美国完善自身供应链条,加大了半导体等领域的就业岗位需求,机器人取代工人的速度由此进一步加快。

四、发展数字经济是构建人类命运共同体的必然选择

战略思维的形成,始于战略决策者对自身及所处客观环境的准确认知和理解。数字经济已经与宏观、中观、微观经济的各部分、各环节紧密结合,与人类命运共同体的构建休戚相关,呈现明显的战略性特征。发展数字经济既面临难得的新的历史机遇,也面临前所未有的新课题考验。随着科技创新和信息技术等领域的快速进步,数字经济规模越来越大,运行也变得越来越复杂,调整数字经济活动的制度规定和法律规则越来越多。数字经济领域的国际竞争日益激烈,全球市场环境具有较高的不确定性。2022 年 11 月,习近平总书记在致 2022 年世界互联网大会乌镇峰会贺信中强调,中国愿同世界各国一道,携手走出一条数字资源共建共享、数字经济活力迸发、数字治理精准高效、数字文化繁荣发展、数字安全保障有力、数字合作互利共赢的全球数字发展道路,加快构建网络空间命运共同体。

基于互联网、大数据、云计算、人工智能等信息技术实现跨越式发展的数字经济,正在改变人类的工作和生活模式,不但孕育新的消费模式,而且催生新的生产方式,推动全球产业整合升级;不但引起生产生活方式变革和数字化转型,而且重构生产关系,以前所未有的广度、深度和速度,改变国际分工和发展合作关系,分化与重组世界政治经济格局。

第三节 数据资源成为与自然资源、人力资源同等重要的战略资源

人机物的网络互联产生了大量的数据。国家互联网信息办公室编制形成的《数字中国发展报告(2022年)》显示,2022年,国家数据产量达8.1ZB,同比增长22.7%,全球占比10.5%,位居世界第二;数据存储量达724.5EB,同比增长21.1%,全球占比达14.4%。由于数据的产生、流通、聚合、使用,最终形成了数据资源。《数字中国建设整体布局规划》指出,要畅通数据资源大循环。构建国家数据管理体制机制,健全各级数据统筹管理机构。推动公共数据汇聚利用,建设公共卫生、科技、教育等重要领域国家数据资源库。释放商业数据价值潜能,加快建立数据产权制度,开展数据资产计价研究,建立数据要素按价值贡献参与分配机制。

一、向数据要素要效益正成为共识

数据资源看不见、摸不着,却成为数字时代的生产要素和国家基础性战略资源,为云计算、人工智能等创新发展奠定基础,蕴含着推动经济崛起的强大力量。2014年2月,习近平总书记强调,网络信息是跨国界流动的,信息流引领技术流、资金流、人才流,信息资源日益成为重要生产要素和社会财富,信息掌握的

多寡成为国家软实力和竞争力的重要标志。我国拥有海量的数据资源,数据挖掘和数据开发潜力巨大。在产业互联时代,"大数据+云计算"加速助推数据成为数字经济时代的"蒸汽"与"电力",工业大数据发展和应用不断向全产业链渗透,大数据技术在生物医药、环境保护、科研教学、工程技术、国土安全等多领域都有深度运用前景,全球大数据市场和产业规模持续增长。

据国家工业信息安全发展研究中心测算,2021 年,数据要素对当年 GDP 增长的贡献率和贡献度分别为 14.7% 和 0.83%。谁拥有了数据,谁就掌握了发展的资源和主动权。善于获取数据、分析数据、运用数据,是做好工作的基本功。

2023 年 10 月,在苏州市智能车联网产业创新集群推进会暨第五届全球智能驾驶大会上,苏州智行众维智能科技有限公司(IAE)实现了苏州相城车联网路侧数据商业化合作的成功探索。数据提供方利用路侧感知设备采集交通流数据,进行数据脱敏,再由数据加工方对路侧数据进行处理和存储,并将经过筛选、分类和分级处理后的数据提供给苏州智行众维智能科技有限公司,由后者借助其在智能网联仿真测试领域的技术创新和研发能力,进行仿真场景的开发及量产,搭建仿真场景数据库,最终通过苏州大数据交易所及中国汽车工业协会的 VDBP 汽车行业数据交易平台进行交易,将场景数据服务于主机厂、自动驾驶企业、车辆检测认证机构、准入管理及测试服务机构。

懂得大数据,用好大数据,不断提高对大数据发展规律的把握能力,才能增强利用大数据推进各项工作的本领,使大数据在各项工作中发挥更大作用。大数据已成为当前经济发展和国家竞争力提升的新引擎,不但促进社会创新,还引起社会结构的重大变革,给全球带来了深远影响。大数据战略受到党和国家高度重视。大数据是信息化发展的新阶段,建设现代化经济体系离不开大数据发展和应用。随着信息技术和人类生产生活交汇融合,互联网快速普及,全球数据呈现爆发增长、海量集聚的特点,对经济发展、社会治理、国家管理、人民生活都产生了重大影响。2017年12月,习近平总书记在主持实施国家大数据战略集体学习时指出,要推动大数据技术产业创新发展。2022年我国大数据产业规模达1.57万亿元,同比增长18%。我国网络购物、移动支付、共享经济等数字经济新业态新模式蓬勃发展,走在了世界前列。我们要瞄准世界科技前沿,集中优势资源突破大数据核心技术,加快构建自主可控的大数据产业链、价值链和生态系统。要加快构建高速、移动、安全、泛在的新一代信息基础设施,统筹规划政务数据资源和社会数据资源,完善基础信息资源和重要领域信息资源建设,形成万物互联、人机交互、天地一体的网络空间。要发挥我国制度优势和市场优势,面向国家重大需求,面向国民经济发展主战场,全面实施促进大数据发展行动,完善大数据发展政策环境。要坚持数据开放、市场主导,以数据为纽带促进产学研深度融合,形成数据驱动型创新体系和发展模式,培育造就一批大数据领军企业,打造多层次、多类型的大数据人才队伍。要运用大数据提升国家治理现代化水平。要建立健全大数据辅助科学决策和社会治理的机制,推进政府管理和社会治理模式创新,实现政府决策科学化、社会治理精准化、公共服务高效化。要以推行电子政务、建设智慧城市等为抓手,以数据集中和共享为途径,推动技术融合、业务融合、数据融合,打通信息壁垒,形成覆盖全国、统筹利用、统一接入的数据共享大平台,构建全国信息资源共享体系,实现跨层级、跨地域、跨系统、跨部门、跨业务的协同管理和服务。要充分利用大数据平台,综合分析风险因素,提高对风险因素的感知、预测、防范能力。要加强政企合作、多方参与,加快公共服务领域数据集中和共享,推进同企业积累的社会数据进行平台对接,形成社会治理强大合力。

二、当前我国的数据要素市场体系建设步伐加快

与国外综合性数据市场主要是提供中介撮合和相关服务的独立运营平台、以市场化模式组建不同,国内数据交易市场最典型组建模式是政府主导,市场参与模式,多由政府部门牵头,由省市政府批准成立建设,股权结构上以国有企业、投资公司等国有资本控股为主的模式。2023 年 1 月 1 日,作为全国首个国家级合规数字资产二级交易平台,中国数字资产交易平台在北京举行平台启动发布仪式。该平台具有政策法规指引及国资背景,交易种类包括知识产权、数字版权、数字藏品等。

有关各方积极推动数据要素市场建设,对数据资源是否可以作为资产确认、作为哪类资产确认和计量以及如何进行相关信息披露等相关会计问题较为关注。随着产业数字化和数字产

业化进程加快,数据资源对于企业特别是数据相关企业的价值创造等日益发挥重要作用,投资者、监管部门、社会公众等有关各方均关注数据资源的利用情况。为贯彻落实党中央、国务院关于发展数字经济的决策部署,规范企业数据资源相关会计处理,强化相关会计信息披露,2023 年 8 月,财政部制定印发《企业数据资源相关会计处理暂行规定》,明确该暂行规定适用于符合企业会计准则规定、可确认为相关资产的数据资源,以及不满足资产确认条件而未予以确认的数据资源的相关会计处理。以专门规定规范企业数据资源相关会计处理,按照会计上的经济利益实现方式,根据企业使用、对外提供服务、日常持有以备出售等不同业务模式,明确相关会计处理适用的具体准则,同时兼顾信息需求、成本效益和商业秘密保护,创新提出自愿披露方式,并围绕各方关注对披露重点作出规范和指引,这些具体举措有助于进一步推动和规范数据相关企业执行会计准则,准确反映数据相关业务和经济实质。为规范数据资产评估行为,保护资产评估当事人合法权益和公共利益,中国资产评估协会在财政部指导下,根据《资产评估基本准则》及其他相关资产评估准则,于 2023 年 9 月印发《数据资产评估指导意见》,自 2023 年 10 月 1 日起施行。该指导意见将数据资产的基本情况划分为信息属性、法律属性、价值属性等。其中,信息属性主要包括数据名称、数据结构、数据字典、数据规模、数据周期、产生频率及存储方式等;法律属性主要包括授权主体信息、产权持有人信息,以及权利路径、权利类型、权利范围、权利期限、权利限制等权利信息;价值属性主要包括数据覆盖地域、数据所属行业、数据成本信息、数据应用场景、数据质量、数据稀缺性及可替代性等。该指导意见强调,执行数据资产评估业务,应当知晓数据资产具有非实体性、依托性、可共享性、可加工性、价值易变性等特征,关注数据资产特征对评估对象的影响。其中,非实体性是指数据资产无实物形态,虽然需要依托实物载体,但决定数据资产价值的是数据本身;依托性是指数据资产必须存储在一定的介质里,介质的种类包括磁盘、光盘等;可共享性是指在权限可控的前提下,数据资产可以被复制,能够被多个主体共享和应用;可加工性是指数据资产可以通过更新、分析、挖掘等处理方式,改变其状态及形态;价值易变性是指数据资产的价值易发生变化,其价值随应用场景、用户数量、使用频率等的变化而变化。此外,需要关注数据资源持有权、数据加工使用权、数据产品经营权等数据产权,并根据评估目的、权利证明材料等,确定评估对象的权利类型;关注影响数据明确提出,数据资产价值的评估方法包括收益法、成本法和市场法三种基本方法及其衍生方法。

北京 2023 年 7 月印发的《关于更好发挥数据要素作用进一步加快发展数字经济的实施意见》提出,形成一批先行先试的数据制度、政策和标准。推动建立供需高效匹配的多层次数据交易市场,充分挖掘数据资产价值,打造数据要素配置枢纽高地。促进数字经济全产业链开放发展和国际交流合作,形成一批数据赋能的创新应用场景,培育一批数据要素型领军企业。力争到 2030 年,本市数据要素市场规模达到 2000 亿元,基本完成国家数据基础制度先行先试工作,形成数据服务产业集聚区。同月,北京发布的《关于进一步推动首都高质量发展取得新突破的行动方案(2023—2025 年)》提出,要充分激活数据要素潜能。完善数据资源统筹机制,汇聚多层次、多类别、多来源的公共数据,探索数据资源资产化、市场化、产业化发展的有效模式和可行路径。率先开展国家数据基础制度先行先试,探索打造数据训练基地。北京国际大数据交易所进一步完善数据产品交易规则和业务规范,建立数据确权工作机制,争取升级成为国家级数据交易所。研究制定数据出境安全评估制度落地举措,积极争取开展数据出境安全评估权限先行先试。鼓励制造业企业应用智能生产设备及信息化管理系统建设数字型总部。鼓励央企、国企、互联网平台企业以及其他有条件的企业和单位,在京成立数据集团、数据公司或数据研究院。

2022 年 7 月以来,福建大数据交易所、苏州大数据交易所、广州数据交易所和深圳数据交易所先后揭牌成立,掀起继 2015 年贵阳大数据交易所和 2021 年北京国际大数据交易所、上海数据交易所以后数据交易所建设的新热潮。2023 年 5 月,上海召开市委全面深化改革委员会提出,要花大力气研究构建数据高效流通的基础设施,抓好技术支撑、规则制定、数商培育、产品开发、数据安全,着力提供低成本、高效率、可信赖的数据流通环境,推动上海数据交易所高质量发展。福建大数据交易所推动公共数据与社会数据融合应用,探索大数据资源合规交易、有序流通、高效利用,助力福建打造全国大数据交易流通体制机制与应用服务高地,带动海上丝绸之路沿线数字经济整体协同发展。苏州大数据交易所致力于打造基于统一的可信计算能力底座,依托苏州市公共数据开放平台、苏州大数据交易平台两大平台,支持数字金融、数字制造、数字文旅等 N 个应用创新的"1+2+N"运营模式,不断整合公共数据、社会数据、算法算力等多方资源,不断创新数据资源化、资产化、价值化的商业模式。广州数据交易所采取"一所多基地多平台"架构,兼顾了区域层面与全省层面数据交易的分散与统合,同时围绕数据交易及其延伸环节的多元化业务统筹布局,打造闭环链路数据交易服务体系,融合了串联式特点和并联式优势。

深圳数据交易所以建设国家级数据交易所为目标,打造覆盖数据交易全链条的服务能力,构建数据资源跨域、跨境流通的全国性交易平台及示范性交易所,探索适应中国数字经济发展的数据要素市场化配置示范路径和交易样板,将深圳建设成为全国数据资源汇集地、数据产品开发高地、全国领先的数据交易流通枢纽,为深圳数字经济发展及我国数字中国战略提供有力支撑,构筑我国应对复杂多变国际环境的国家竞争新优势。截至 2023 年 2 月,深圳市数据交易所已完成登记备案的数据交易总计 505 笔,累计交易金额超过 14 亿元。为加快建设具有国际影响力的全国性数据交易平台,2023 年 3 月,深圳数据交易所引入深圳市投资控股有限公司、中国电子信息产业集团有限公司、前海金融控股有限公司等战略投资者,注册资本金由 1 亿增加至 10 亿元人民币。深圳数据交易所将借助各股东单位赋能,持续推动高价值数据汇聚、丰富数据应用场景、健全数据要素生态体系，将深圳打造成为全国数据流通枢纽和领先的调度中心。

三、数据资源的战略意义渐成国际共议话题

英国业内普遍认为，数据是科学和技术创新的驱动力，需要一种新的数据策略，从而促进英国经济的增长，推动英国从冠状病毒大流行中复苏。为促进企业、政府、民间社会和个人更好地利用数据，以推动数字行业和整个经济的增长，改善社会和公共服务，2020年9月，英国发布《国家数据战略》，设定了提高生产力和促进数字贸易发展、创造就业、提高科研效率、优化政策制定和公共服务、打造公平社会等具体目标，提出支持数据领域发展的数据基础、数据技能、数据可用性和数据责任等四大支柱，明确释放整个经济中数据的价值、确保促进增长和可信赖的数据机制、提升政府和公共服务的数据利用效率、确保数据所依赖的基础架构的安全性和弹性、倡导国际数据流动等五项任务。数字资产市场的急剧增长对金融稳定、消费者保护、国家安全和能源需求产生深远的影响。

为了确保美国在国内外数字资产生态系统的创新和治理中继续发挥重要作用，提高美国的全球竞争力，2022年3月，美国总统拜登正式签署数字资产行政令。作为美国首个全面的联邦数字资产战略，详细阐释了美国数字资产监管行动框架，具体涵盖政策、目标、美政府机构间协调、保护消费者投资者和企业的措施、促进金融稳定、降低系统性风险、限制非法金融、促进国际

合作和美国竞争力等内容。美国已意识到新兴的数字资产行业对于保持全球金融和技术竞争力非常重要。同时也已意识到，加密货币不会消失，加密货币正成为全球经济中的重要部分。

四、对数据安全问题出台相关规范及限制规定

为了规范数据出境活动，保护个人信息权益，维护国家安全和社会公共利益，促进数据跨境安全、自由流动，根据《中华人民共和国网络安全法》《中华人民共和国数据安全法》《中华人民共和国个人信息保护法》等法律法规，《数据出境安全评估办法》自2022年9月1日起施行。该办法规定：一是数据出境安全评估坚持事前评估和持续监督相结合、风险自评估与安全评估相结合；国家网信部门发现已经通过评估的数据出境活动在实际处理过程中不再符合数据出境安全管理要求的，应当书面通知数据处理者终止数据出境活动。数据处理者需要继续开展数据出境活动的，应当按照要求整改，整改完成后重新申报评估。二是促进数据依法有序自由流动；反对利用信息技术破坏他国关键基础设施或窃取重要数据，以及利用其从事危害他国国家安全和社会公共利益的行为。三是信息技术产品和服务供应企业不得在产品和服务中设置后门，非法获取用户数据、控制或操纵用户系统和设备；产品供应方应承诺及时向合作伙伴及用户告知产品的安全缺陷或漏洞，并提出补救措施。尊重各个国家对数据的安全管理权，不侵犯第三国数据安全，未经他国法律允许不得直接向企业或个人调取位于他国的数据；通过缔结

跨境调取数据双边协议或司法协助渠道,协商因打击犯罪等执法需要跨境调取数据问题。

第四节　从战略上考虑加快推动数字经济
健康规范发展

　　强化数字经济战略思维,既要遵循市场经济自身运行规律,科学规划与安排战略目标和基本原则,又要考虑数字经济发展的实际水平和现实基础。发展数字经济是把握新一轮科技革命和产业变革新机遇的战略选择。中国具有超大规模市场优势、完整产业体系优势,无论是消费互联网还是工业互联网,都可以找到丰富应用场景与坚实的上下游支撑。党的十八大以来,党中央高度重视发展数字经济,实施网络强国战略和国家大数据战略,拓展网络经济空间,支持基于互联网的各类创新,推动互联网、大数据、人工智能和实体经济深度融合。战略规划是实现战略目标的顶层设计,具有预测性,体现系统性。科学合理的战略规划是解决战略问题的关键环节,涉及战略目标、战略布局、战略判断、战略举措、战略保障等。《数字中国建设整体布局规划》明确,数字中国建设按照"2522"的整体框架进行布局,即夯实数字基础设施和数据资源体系"两大基础",推进数字技术与经济、政治、文化、社会、生态文明建设"五位一体"深度融合,强化数字技术创新体系和数字安全屏障"两大能力",优化数字化发展国内国际"两个环境"。

一、夯实数字中国建设基础

打通数字基础设施大动脉。加快5G网络与千兆光网协同建设,深入推进IPv6规模部署和应用,推进移动物联网全面发展,大力推进北斗规模应用。系统优化算力基础设施布局,促进东西部算力高效互补和协同联动,引导通用数据中心、超算中心、智能计算中心、边缘数据中心等合理梯次布局。整体提升应用基础设施水平,加强传统基础设施数字化、智能化改造。

畅通数据资源大循环。构建国家数据管理体制机制,健全各级数据统筹管理机构。推动公共数据汇聚利用,建设公共卫生、科技、教育等重要领域国家数据资源库。释放商业数据价值潜能,加快建立数据产权制度,开展数据资产计价研究,建立数据要素按价值贡献参与分配机制。

二、加快赋能经济社会发展

做强做优做大数字经济。培育壮大数字经济核心产业,研究制定推动数字产业高质量发展的措施,打造具有国际竞争力的数字产业集群。推动数字技术和实体经济深度融合,在农业、工业、金融、教育、医疗、交通、能源等重点领域,加快数字技术创新应用。支持数字企业发展壮大,健全大中小企业融通创新工作机制,发挥"绿灯"投资案例引导作用,推动平台企业规范健康发展。

发展高效协同的数字政务。加快制度规则创新,完善与数字政务建设相适应的规章制度。强化数字化能力建设,促进信息系统网络互联互通、数据按需共享、业务高效协同。提升数字化服务水平,加快推进"一件事一次办",推进线上线下融合,加强和规范政务移动互联网应用程序管理。

打造自信繁荣的数字文化。大力发展网络文化,加强优质网络文化产品供给,引导各类平台和广大网民创作生产积极健康、向上向善的网络文化产品。推进文化数字化发展,深入实施国家文化数字化战略,建设国家文化大数据体系,形成中华文化数据库。提升数字文化服务能力,打造若干综合性数字文化展示平台,加快发展新型文化企业、文化业态、文化消费模式。

构建普惠便捷的数字社会。促进数字公共服务普惠化,大力实施国家教育数字化战略行动,完善国家智慧教育平台,发展数字健康,规范互联网诊疗和互联网医院发展。推进数字社会治理精准化,深入实施数字乡村发展行动,以数字化赋能乡村产业发展、乡村建设和乡村治理。普及数字生活智能化,打造智慧便民生活圈、新型数字消费业态、面向未来的智能化沉浸式服务体验。

建设绿色智慧的数字生态文明。推动生态环境智慧治理,加快构建智慧高效的生态环境信息化体系,运用数字技术推动山水林田湖草沙一体化保护和系统治理,完善自然资源三维立体"一张图"和国土空间基础信息平台,构建以数字孪生流域为核心的智慧水利体系。加快数字化绿色化协同转型。倡导绿色智慧生活方式。

三、增强数字中国关键能力

构筑自立自强的数字技术创新体系。健全社会主义市场经济条件下关键核心技术攻关新型举国体制,加强企业主导的产学研深度融合。强化企业科技创新主体地位,发挥科技型骨干企业引领支撑作用。加强知识产权保护,健全知识产权转化收益分配机制。

筑牢可信可控的数字安全屏障。切实维护网络安全,完善网络安全法律法规和政策体系。增强数据安全保障能力,建立数据分类分级保护基础制度,健全网络数据监测预警和应急处置工作体系。

四、优化数字化发展环境

建设公平规范的数字治理生态。完善法律法规体系,加强立法统筹协调,研究制定数字领域立法规划,加快制定数据资产、数据交易、数据标注等数据要素市场基础制度配套政策,及时按程序调整不适应数字化发展的法律制度。构建技术标准体系,编制数字化标准工作指南,加强数据要素应用场景指引,保障数据要素规范有序流通,加快制定修订各行业数字化转型、产业交叉融合发展等应用标准。提升治理水平,健全网络综合治理体系,提升全方位多维度综合治理能力,构建科学、高效、有序的管网治网格局。净化网络空间,深入开展网络生态治理工作,推进"清朗""净网"系列专项行动,创新推进网络文明建设。

　　构建开放共赢的数字领域国际合作格局。统筹谋划数字领域国际合作,建立多层面协同、多平台支撑、多主体参与的数字领域国际交流合作体系,高质量共建"数字丝绸之路",积极发展"丝路电商",推动数字发展成果更多、更公平惠及全世界人民。拓展数字领域国际合作空间,积极参与联合国、世界贸易组织、二十国集团、亚太经合组织、金砖国家、上合组织等多边框架下的数字领域合作平台,高质量搭建数字领域开放合作新平台,积极参与数据跨境流动等相关国际规则构建。

第二章　怎样形成数字经济历史思维

数字经济正处于一个大有可为的历史机遇期。只有认清历史方位,增强历史自觉,才能在数字经济实践中不断提高把握方向、把握大势、把握全局的能力。从历史长河、时代大潮、全球风云中分析数字经济,需要树立大历史观,提高历史思维能力,探究历史规律,善于抓住历史变革时机,顺势而为提出因应的对策措施。历史思维为辩证思维、底线思维等其他思维方式提供了深厚的文化基础。

第一节　运用历史思维汲取智慧和力量

看得远就要了解历史,走得远就要理解历史。只有通过对历史的认识,才能把握历史规律、汲取历史智慧、增强历史自信,并为回答好中国之问、世界之问、人民之问和时代之问提供借鉴和启示。只有按历史规律办事,理清历史逻辑、把握历史大势、掌握历史主动,不断回答和解决时代提出的重大课题。只有全面深入了解中华文明的历史,才能更好地推动中华优秀传统文化创造性转化、创新性发展,更好地建设中华民族现代文明。

一、历史是最好的教科书

离开了历史,就无法全面、完整、深刻认识事物的本质。"前事不忘,后事之师"。历史具有丰富的内涵,是一个民族、一个国家形成、发展及其盛衰兴亡的真实记录。中华民族5000多年的文明史、中国人民近代以来180多年的斗争史、中国共产党的百余年奋斗史、中华人民共和国70多年的发展史、改革开放40多年的探索史,构成了中华民族的丰富历史画卷。立足波澜壮阔的中华5000多年文明史,才能真正理解中国道路的历史必然和独特优势。2023年6月,习近平总书记在文化传承发展座谈会上强调,中华文明具有突出的连续性,从根本上决定了中华民族必然走自己的路。如果不从源远流长的历史连续性来认识中国,就不可能理解古代中国,也不可能理解现代中国,更不可能理解未来中国。

在治国理政领域,中华民族积累了丰富的治理智慧,创造了先进的政治文明。成功的经验和失败的教训都是珍贵的财富。历史记述了前人的成功和失败,蕴涵着十分丰富的历史经验和宝贵的思想文化遗产,也是最好的"清醒剂"。中华民族的文明史为人类文明进步作出了不可磨灭的贡献,但也要看到,长期封建专制统治产生的陈规陋习积弊,必须努力破除。

世界历史是各个民族、国家发展进程的总和,中国历史是世界历史的重要组成部分。中华优秀传统文化不但为治国理政提供有益启迪,也为解决人类面临的世界性难题提供重要启示。学习我国历史的同时,还应该睁眼看世界,学习世界历史知识和借鉴世界文明,从人类文明史中学习借鉴优秀文明成果。改革开放 40 多年来,我国吸收借鉴人类文明一切有益成果,加快了中国式现代化的进程,开创了世界社会主义实践的新局面。

二、历史思维以唯物史观为底蕴

历史思维是马克思主义唯物史观指导下的历史观,唯物史观是认识把握历史的根本方法。坚持用唯物史观来认识和记述历史,就要把握历史思维的时段性、整体性、发展性特点,坚持把马克思主义与中国历史实际相结合,把人民群众作为历史发展的创造者和社会进步的主体力量,以纵深的历史眼光和深厚持久的文化自信确定时代方位,做到在一定的历史环境和历史条件下认识发展规律,把握前进方向。

历史不可割裂、不能任意选择,历史潮流不可阻挡。一定的思维方式在一定历史实践基础上形成和发展,是一定历史时代的产物。面对意识形态领域的各种挑战,必须学会运用科学的历史思维,坚持正确的历史观,防范历史虚无主义、唯心史观等的影响，以科学的态度对待历史，有鉴别地加以对待，有扬弃地予以继承。

三、注重对历史事实及历史发展规律的把握

任何人都不可能改变历史和事实。历史是人类实践活动的产物，人民群众是历史创造者。历史不会因时代变迁而改变。历史思维不断开拓历史唯物主义新境界，根据复杂的历史事实，抓住本质和规律，根据时代变换赋予历史唯物主义新内涵。深化对共产党执政规律、社会主义建设规律和人类社会发展规律的认识，都离不开对历史思维的运用。坚持历史思维是中国共产党的优良传统，是不断取得革命、建设、改革伟大胜利的重要传承。学习党史、新中国史、改革开放史、社会主义发展史，为实现中华民族伟大复兴提供了丰富的"营养剂"。

历史思维体现了理论和实践的统一。历史发展的规律性与发挥人在其中的主观能动性并不矛盾。总结历史经验，汲取历史智慧，把握住历史发展的规律和大势，就能抓住时机，顺势而为，养成历史思维习惯、提高历史思维能力。历史思维能力是运用历史眼光认识发展规律、把握前进方向、指导现实工作的能力。重视历史、研究历史，总结历史经验，坚持从当时的历史条件和特定的历史背景出发，对历史人物和事件进行系统全面具体、真实细致的考察，如实、客观评价历史人物和事件。以正确的态度和科学的方法对待历史、评价历史，是历史思维的基本要求。

四、坚持历史、现实与未来相贯通

世界是从昨天发展而来的。历史是过去的现实,现实是未来的历史。历史、现实、未来是相通的。不忘本来才能开辟未来,坚定历史自信、掌握历史主动,方能赢得将来。总结历史经验教训,目的是以史为鉴,把握历史发展规律和大势,抓住历史变革时机,顺势而为,奋发有为,更好前进。在《共产党宣言》中,马克思、恩格斯运用历史思维,从分析历史规律中找到了人类社会发展的最终归宿。加快推进中国式现代化,从历史的经验教训中能够汲取智慧与能量,才能实现在历史的逻辑中前进,在时代发展的潮流中发展。透视历史、反思历史,对于民族和国家的未来发展具有借鉴意义。

历史思维的落脚点是谋大局、谋长远、谋未来。历史是实践创造的,指导现实工作、正确判断形势、科学预见未来、把握历史主动,就要把历史经验作为想问题、作决策、办事情的重要遵循,善于从历史经验中赢得主动、赢得优势、赢得未来。当今中国与开放的世界的联系更加紧密,要从整个世界史的视野看,思接千载、视通万里,从历史长河、全球风云中分析演变机理、探究历史规律,才能贯通古今,真正掌握历史,把握潮流大势,主动赢得未来。

第二节　从历史长河看,数字经济是农业 经济、工业经济后的一种全新的 发展形态

　　坚持当前与长远相结合,现实与未来相统一,是历史思维的重要特征。1946年2月14日,世界第一台通用数字计算机在宾夕法尼亚大学宣布诞生,标准着数字时代的黎明。随着晶体管(1947)、集成电路(1958)、阿帕网(1969)、万维网(1989)等一系列重大发明的相继出现,一场数字革命在全球深刻改变了经济社会。现代意义上的数字经济,源于1961年伦纳德·克兰罗克在其博士论文中提出的一个观点:对分解信息后,通过网络形态发送出去,再重新组合已解构的信息,以此解决信息的通讯问题。1969年,随着阿帕网(ARPANet)实现了在斯坦福大学等四大节点的联网,数字经济的基础结构初具雏形,人类社会从此进入了网络时代。数字经济发展突飞猛进,互联网、大数据、人工智能、比特币、元宇宙等,早已成为大家耳熟能详的概念,并与日常生活紧密联系起来。数字经济正成为经济社会运行中的一道靓丽风景线。数字产业化、产业数字化步伐加快,为经济社会持续健康发展提供了动力和潜力。数字经济正在推动生产方式、生活方式和治理方式发生深刻变革,未来图景必将更加波澜壮阔。

一、人工智能发展简史

1950 年图灵发表的《机器能思考吗》一文,是对人工智能最早的研究,图灵由此被称为人工智能之父。人工智能的概念,早在 1956 年就已经提出,约翰·麦卡锡、马文·明斯基(1971 年、1969 年,分获图灵奖)等科学家当年夏天在美国达特茅斯学院开会研讨怎样用机器模拟人的智能,被誉为人工智能的开端。

人工智能的探索充满未知,也大有希望。1956 年至 20 世纪 60 年代初,随着人工智能概念的提出,相继取得了机器定理证明、跳棋程序等令人瞩目的研究成果;20 世纪 60 年代至 80 年代中期,人工智能发展经历了接二连三失败的低谷,也实现了从理论研究走向实际应用的重大突破;20 世纪 80 年代中期至 2010 年,人工智能进一步走向实用化,1997 年深蓝超级计算机战胜了国际象棋世界冠军,2008 年国际商业机器公司 IBM 提出“智慧地球”;2011 年至今,泛在感知数据和图形处理器等计算平台推动以深度神经网络为代表的人工智能技术飞速发展,语音识别、图像分类、无人驾驶等迎来爆发式增长和深度应用。人工智能作为一项革命性、颠覆性技术,具有深度学习、跨界融合、人机协同、群智开放、自主操控等特征,正在引发新一轮科技革命和产业革命。人工智能整合了机械化、自动化、信息化时代以来所有科技创新成果,正引领经济社会发展进入一个充满无限可能的新纪元,将深刻影响和改变全球经济、产业、创新的格局。

经过 60 多年的演进,特别是在移动互联网、大数据、超级计算、传感网、脑科学等新理论新技术驱动下,人工智能发展进入新阶段。当前人工智能技术可被用于自动收集、识别和分析军事情报,并为指挥官提供战场策略建议,或者预测士兵可能遭受的袭击风险,并通过通讯设备为士兵提供实时警告,同时也收集士兵的反馈以评估下一次可能的袭击;以人工智能为核心驱动力的自动驾驶技术让无人驾驶汽车有自主学习能力,成为交通行业最大的变革因素;ChatGPT 作为一款人工智能技术驱动的自然语言处理工具,正在全球范围内掀起新一轮的人工智能商业化浪潮,其中,2023 年发布的 GPT-4 比以往任何版本更具创造性和协作性,有更广泛的常识和解决问题的能力,可更准确解决难题,成为迄今为止功能最强大的模型。

二、量子技术发展概述

量子计算机是一种利用量子力学中的量子比特(qubit)进行运算的计算机,有可能在新材料、药物研发和金融市场预测领域有广泛的应用。从量子计算技术的前世今生看,马克斯·普朗克提出"量子"概念至今,已有 100 多年历史。20 世纪 20 年代,量子力学作为支配微观粒子运动规律的新理论被应用到了信息领域,产生了量子计算机、量子密码、量子传感等新技术应用。其中,量子计算机作为颠覆性技术,提供了运算能力强大的信息处理工具。2019 年初,IBM 推出全球首套商用量子计算机;2020 年 9 月,超导量子计算云平台正式向全球用户开放。

中国、美国在量子计算机开发领域处于领先地位,日本则处于追赶状态,但日本拥有大量有影响力的公司和人力资源,积蓄了能够撬动这一产业的技术和人才,正努力成为世界量子计算机产业的生力军。2023 年 10 月,我国科学家研究团队宣布,所研制的量子计算机原型机"九章三号",比目前全球最快的超级计算机快 1 亿亿倍,由此刷新了广义量子信息技术世界纪录。"九章三号"1 微秒可算出的最复杂样本,当前全球最快的超级计算机"前沿"(Frontier)约需 200 亿年才能算出。

三、金融科技发展回顾

20 世纪 80 年代,银行业开始采用 ATM 机。这种共享网络,可以视为一种动态的在线银行设施。进入 21 世纪,随着互联网技术的产生,银行虚拟化进程有所加快。从 2008 年开始,随着部分支付、网络业务逐步引入互联网技术,传统金融相应开始了数字化和智能化转型。大数据和云计算等推动金融要素、金融主体、金融产品更加市场化、多元化,传统金融机构、金融业态开始向新金融业态和跨界交叉经营转型。比如,利用大数据挖掘,可以实现个人信用自动化评估,开展中小微快贷,并预防欺诈和控制风险。以大数据、云计算、人工智能技术为基础,金融科技正成为一种全新的业态。

四、美国数字经济历程

从发展历程来看,美国数字经济的高速增长,经历了野蛮增长、巩固提升、快速发展、重点突破四个阶段,无论在哪个阶段,均受益于美国政府的直接推动。

在野蛮增长阶段,自克林顿政府开始,美国政府便将数字经济作为国家重点支持的产业。1993年9月发布的"国家信息基础设施行动计划"为美国后来数字经济的发展奠定了坚实基础,成为推动当时美国经济增长的澎湃动力。在巩固提升阶段,小布什政府以税收、研发等为抓手,出台多项法案,稳固了数字经济的发展基础,谷歌等一批优秀的互联网企业获得长足发展。在快速发展阶段,奥巴马政府重视发挥数字经济在鼓励创新研发、保护知识产权、改善网络贸易环境中的重要作用。在重点突破阶段,2018年以来,美国政府重视政府信息开放和网络安全,将网络安全上升至与经济安全同等重要的位置。

第三节　从历史经验看,我国数字经济发展 驶入快车道

从2000年"数字福建"在全国的率先开启,到当前数字中国建设的如火如荼,这一历史性变革体现了数字经济在我国的非凡成就。2000年,时任福建省长的习近平同志就以极大的胆识和魄力在全国率先提出建设"数字福建",开启了福建的数字化转型;2003年,时任浙江省委书记的习近平同志高瞻远瞩地

作出建设"数字浙江"的战略决策,推动浙江数字经济快速发展;党的二十大指出加快建设网络强国、数字中国,强调加快发展数字经济。我国数字经济发展面临难得的历史机遇,发展前景广阔。2022年我国市值排名前100的互联网企业总研发投入达3384亿元,同比增长9.1%。据工业和信息化部的数据,2012—2021年,我国数字经济规模从11万亿元增长到45.5万亿元,数字经济占国内生产总值比重由21.6%提升至39.8%;全国软件业务收入从2012年2.5万亿元增长到2022年10.8万亿元,年均增速达15.8%。不断做强做优做大数字经济,是主动把握未来、赢得长远发展的先手棋,是抓住新一轮科技革命和产业变革新机遇的必然路径。

一、互联网企业出海

我国的互联网企业仅靠国内市场作为支撑,在不少领域也能形成规模效益;而一旦实现了国际化发展,也很容易吸引跨国用户,发展空间依然很大。我国互联网出海的历程风云变幻,但红利不减。

工具产品出海是我国互联网出海的第一波浪潮。广州市久邦数码科技有限公司(简称久邦数码)成立于2003年,作为移动互联网产品、服务和应用供应商,久邦数码于2010年推出的Go桌面在海外迅速走红。依托面向全球市场的Go Series应用程序等核心业务,2013年11月,久邦数码在美国纳斯达克市场上市,成为当时赴美上市进程中的唯一一家移动互联网公司;

2016年第四季度,该公司一度成为全球最大的手机应用程序开发商。北京金山网络科技有限公司成立于2010年,2012年推出安卓手机清理软件——猎豹清理大师,2014年3月更名为猎豹移动,2个月后登陆美国纳斯达克市场,其产品曾长期占据全球开发商APP下载榜前列。北京麒麟合盛科技有限公司(简称麒麟合盛,又称APUS)是一家专注于海外的移动互联网开发公司,其主打产品手机桌面软件APUS上线一年后,用户就达到2亿多。然而,互联网出航并非一帆风顺,充满了风险和挑战。2015年11月,其股票在美股挂牌仅2年后,久邦数码宣布完成退市交易。2014年7月、2018年12月,猎豹移动旗下的核心产品"猎豹清理大师"、明星APP文件管理器(CM File Manager)先后被谷歌商城下架。2020年2月,谷歌以违反"平台广告政策"为由,一次性下架了谷歌商城中猎豹移动旗下的45款APP。由于主打的工具类产品进入发展瓶颈期,猎豹移动来自客户广告投放以及用户订阅、游戏充值等消费大幅下降,营业收入由此受到较大影响。2018年9月,谷歌未事先通知就封禁APUS的广告账号,虽然避免了APUS应用被下架,但也产生很大损失。欧盟《通用数据保护条例》关于加强数据保护的要求,既对APUS的数据管理提出挑战和要求,也提示APUS适应全球不同地区的数据隐私相关法规政策,建立健全更为规范、科学的内部数据合规体系。

互联网出海的工具类产品浪潮逐渐消退以后,以Bigo Live、TikTok为代表的娱乐、社交产品形成新一波出海大潮。新冠疫情在全球暴发期间,社交、游戏、内容等出海赛道反而快速发展。
BIGO 于 2014 年 11 月成立,基于强大的音视频处理技术、全球
音视频实时传输技术、人工智能技术、CDN 技术,BIGO 推出了
Bigo Live 等系列音视频类社交及内容产品。2020 年一季度,得
益于海外直播业务 Bigo Live 的收入快速增长,BIGO 的收入高
达 21 亿元,同比增长 99.3%。北京字节跳动科技有限公司(简
称字节跳动)成立于 2012 年 3 月,以技术出海为全球化发展的
核心战略。2020 年 3 月,字节跳动的中国、海外区业务正式分
离,并成立 TikTok 海外总部。TikTok 作为字节跳动旗下短视频
社交平台,于 2017 年 5 月上线。2020 年上半年,TikTok 下载次
数达到 6.26 亿次,超过 Facebook、YouTube 等应用。然而,随着
2020 年 6 月印度政府宣布封禁 TikTok、WeChat 等多款中国
APP,以及 2020 年下半年美国提出字节跳动出售 TikTok,部分
出海业务开始考虑返航,但还有出海人选择在更广阔的全球市
场寻找机会,更多的新玩家看到 Bigo Live、TikTok 等产品的成
功,更加意识到出海的重要性,并加入到出海的大潮中。

　　赤子城网络技术(北京)有限公司(简称赤子城)创办于
2009 年。早在 2013 年,赤子城就开启了出海旅程,专注做互联
网全球化业务,业务范围涵盖工具应用、休闲游戏、社交应用、广
告平台等领域。与猎豹移动等公司比较,赤子城没有资金积累,
也没有经验优势,但其开发的桌面 Solo Launcher 风靡美国,被
谷歌授予"全球最佳应用"称号,这主要源自他们团队对产品和
技术的执着。由于工具应用很难形成长期的用户黏性,市场空

间有限,赤子城于是转战用户黏性更强、商业价值更高、生态也更广阔的社交领域。近年来,赤子城在海外市场动作频繁,旗下的 MICO 不断开拓新市场。针对不同国家的文化、用户习惯差异,打造了 MICO 的不同版本。MICO 的运营始于泰国,拓展到其他东南亚国家,进一步走向中东、美国、日本等地区和国家,实现了全球化布局。

二、奇瑞数字化转型

过去十多年,是车联网和移动互联网齐头并进、蓬勃发展的一个时期,奇瑞的数字化、智能化转型升级历程,生动诠释了以上领域的巨大投入和不俗表现。1997 年 1 月 8 日,奇瑞汽车股份有限公司挂牌成立。2017 年 11 月,奇瑞成立了奇瑞智能汽车事业群,旨在集中优势资源,加速推动奇瑞汽车数字化和智能化产业进程。2018 年 4 月,奇瑞发布"雄狮 LION"智能化战略,涉及自动驾驶、车联网、数字营销、移动出行、智能制造等领域。为实现奇瑞在研发、制造、营销、用户服务等全生命周期的数字化、智能化布局,雄狮科技作为奇瑞的重要业务板块,重点聚焦智能汽车产业全产业链的技术开发及生态发展,初步形成了智能座舱、智能驾驶、网联服务和数据运营四个方面的核心软件技术研发能力。2021 年 10 月,奇瑞与无人驾驶领域的酷哇机器人签署战略合作协议,在线控汽车底盘、自动驾驶关键感知器件、自动驾驶算法等领域进行深入合作。2022 年,一直是以技术创新为导向的奇瑞在成立 25 周年之际,启动"瑶光 2025"前

瞻科技战略,计划未来 5 年投资 1000 亿元,培养研发人才 20000
多人,在全球范围内建立 300 家瑶光实验室,重点突破芯片、自
动驾驶等 13 项核心战略技术。

2023 年 5 月,奇瑞旗下的奇瑞商用车、大卓智能获颁安徽
省芜湖市首批智能网联汽车公开道路测试牌照。奇瑞商用车多
年来持续开展商用车领域的无人驾驶研究测试,在感知系统、人
工智能视觉识别方面已取得积极进展,相关技术已应用在专用
车上,牌照的获得将加快奇瑞商用车公司在无人商用车产品方
向上的商业落地和推广。作为奇瑞旗下专注于自动驾驶的公
司,大卓智能以打造百万级的量产自动驾驶方案为使命,基于奇
瑞星途揽月 SUV 线控改装车和平台化操作系统软件,依托自主
开发从感知到规控的全栈算法,力争实现在城区公开道路上的
L4 级别无人驾驶技术。

当前,汽车产业正发生着深刻的变化,电动化、智能化等关
键技术加速驱动汽车产业转型。面对汽车行业的大变局,奇瑞
布局的商用车尤其是专用车版块以变应变,聚焦智能化与数字
化深度融合,深入实施坚持技术以人为本的创新驱动发展战略,
加快智能化改造和数字化转型升级步伐,加速技术迭代与产业
升级,全力打造国内乃至国际专用车"智造"新标杆,构建未来
智慧交通新图景。比如,奇瑞专用车正快速由新能源车型改装
向智能化专用车转型升级。通过自动驾驶赋能环卫,解决环卫
行业人力多成本高、工作环境恶劣、效率低、污染大等痛点,为建
设美丽中国作出更大贡献。奇瑞专用车无人驾驶采用多传感器

融合技术,实现了贴边清扫、远程启停、红绿灯识别等全工作流程的无人化智能化功能,同时提供动静态障碍物检测、主动避障、智能语音提醒等多种安全机制,确保产品在使用过程中的安全性。

三、服务化商业模式

云计算基于资源共享、随时接入、弹性伸缩等特性,满足了数字经济时代的计算存储资源需求。基于互联网、云计算等相关技术的支持,尤其是 ChatGPT 的流行,"模型即服务"(MaaS)概念已扩展至"某某即服务"(X-as-a-Service, XaaS)。"服务化"的新商业范式正在塑造和引领数字经济的发展趋势。采用 XaaS 商业模式的企业,其战略规划、客户关系、组织架构等方方面面,都将发生变革。

以人的发展和解放为核心,是历次科技革命和产业革命的鲜明特征。服务化商业模式将人类在更高层次、更大范围解放出来。让客户和用户化繁为简、提升效率,是信息技术发展的根本动力,也是"基础设施即服务"(Infrastructure-as-a-Service, IaaS)、"软件即服务"(Software-as-a-Service, SaaS)和"平台即服务"(Platform-as-a-Service, PaaS)等云计算商业模式持续衍生演化的持久动力。其中,IaaS 通过虚拟化技术,将底层硬件能力向上抽象为易懂、易操作的基础设施服务,让用户更便捷经济地使用服务。XaaS 商业模式降低了使用复杂产品的门槛,相关用户只需要专注于简洁的上层应用,只关注商业逻辑即可,而不必过多关注复杂的基础层。服务化已成为数字经济的主流商业范式。以较低成本换取更灵活多样和高质量的资源,对于中小企业和个人客户尤其具有吸引力。

在数字经济大环境中,更多强调使用权而非所有权,因而XaaS提供给用户软硬件产品的使用权而非所有权。如果过度强调占据排他、昂贵的所有权,则较难即时获得按需求、多样化的服务。XaaS正延伸到金融、汽车等行业和产业。比如,发端于网约车模式的"出行即服务"(Mobility-as-a-Service,MaaS),为无人驾驶商用后的车辆分时租赁模式提供了实践基础。在新能源汽车"电池即服务"(Battery-as-a-Service,BaaS)模式中,动力电池可以从专业的电池服务商处租赁;拥有电池所有权的机构基于电池出租收入,就可以将电池资产证券化。XaaS成为普遍的商业模式,正在变成现实。

四、电子政务新版本

各国政府普遍重视和加强在线公共服务能力,政务服务的数字化转型发展趋势明显加强,全球电子政务发展正在稳步取得进展。这个过程中,从2012年到2022年,我国电子政务发展指数国际排名从78位上升到43位。国家电子政务外网实现地市、县级全覆盖,乡镇覆盖率达96.1%。

我国电子政务呈现跨越式发展态势,越来越多的政务服务事项实现"一网通办""跨省通办"。部分地区的政府门户网站设有搜索栏、站点地图和无障碍模式(或老年模式)。数字政协、智慧法院、数字检察等已有广泛应用。国家智慧教育公共服务平台正式开通,建成世界第一大教育教学资源库。

第四节 从全球风云看,数字经济日益成为国际竞争和合作的突出领域

立足当前现实条件,着眼长远谋划未来,把谋当下和谋未来统一起来,是科学运用历史思维的自然延伸。20世纪90年代初,美国政府就提出了《国家信息基础设施行动计划》和《全球信息基础设施行动计划》。随着世界经济加速向以信息技术为支撑的数字经济活动转变,数字经济正成为重组全球要素资源、重塑全球经济结构、改变全球竞争格局的关键力量。数字经济推动人们逐渐摆脱时空限制,进一步密切了人与物、人与人、物与物之间的互动和联系,进而推动全球范围内生产方式产生巨大变革。《二十国集团数字经济发展与合作倡议》等在全球赢得广泛共识,信息基础设施互联互通取得明显成效,"丝路电商"合作成果丰硕,我国数字经济领域平台企业加速出海,影响力和竞争力不断提升。抓住数字经济发展的时代先机,抢占未来发展制高点,中国就能从跟跑走向领跑、从追赶时代走向引领时代。我国互联网出海的历程,是我国数字经济的健康规范发展的生动写照,正在书写全球数字经济发展史的新篇章。

一、Web3.0

Web3.0 作为互联网的一种未来模式,将权力分散化并重新分配给用户,潜在地赋予用户对个人数据资产的所有权。Web1.0、Web2.0、Web3.0 分别对应"可读"互联网、"可读+可写"互联网、"可读+可写+可拥有"互联网。在 Web1.0 阶段,用户只可获取传统的门户网站的信息,只能读不能写,只能浏览不能编辑信息;在 Web2.0 阶段,用户借助淘宝、微博、博客、微信、抖音等媒介发布意见,成为创作者,但所有交易记录、聊天记录等都归平台所有;随着区块链、非同质化通证(Non-Fungible Token,NFT)、元宇宙等新技术的创新和迭代,互联网正演进到 Web3.0 阶段,用户通过虚拟的去中心化的身份,与网络世界交互。2021 年 12 月,在美国众议院金融服务委员会的"加密资产和金融的未来"听证会上,布里安·布鲁克斯提出 Web3.0 这一"可被用户拥有的互联网"。将数据的所有权归还给用户,允许用户自主控制数据,成为 Web3.0 的核心理念。Web3.0 颠覆了平台中心化的产权管理体系,让创作者成为价值拥有者,让用户拥有其身份、数据和算法自主权,构建了共有共享的新型经济形态,并推动实体与数字产业的融合发展,重塑和拓展了经济活动的边界。

在我国,Web3.0 激发出了去中心化自治组织(DAOs)治理的新商业模式,产业分布于虚拟数字人、数字藏品等领域。中国香港地区致力于成为全球虚拟资产中心,成为全球对加密货币领域较为友好的地区之一。2022 年 10 月,香港发布《有关香港虚拟资产发展的政策宣言》,连同之前的《有关首次代币发行的声明》《有关针对虚拟资产投资组合的管理公司、基金分销商及交易平台营运者的监管框架的声明》,成为香港进军 Web3.0 的支柱性政策。2023 年 6 月 1 日,香港《适用于虚拟资产交易平台营运者的指引》正式实施,允许散户进行加密货币交易,加密资产有了与法币世界相连通的合法通道,虚拟资产平台企业由此增加了可持续发展的机会。在提升虚拟资产交易服务企业竞争力、稳定性和可持续性基础上,这一监管新规为投资者提供了更加安全和可靠的交易环境,有利于规范虚拟资产市场,保护投资者的利益,减少欺诈和洗钱行为的发生。香港距离成为Web3.0 产业集群中心和数字世界财富结算中心又近了一步。

Web3.0 为数字经济发展提供了全新的场景和机遇,成为世界主要数字经济大国竞争的战略制高点。同时,鉴于 Web3.0 分布式网络的去中心化特征,多国竞相自主发展 Web3.0 产业体系和监管政策体系,可能导致多个 Web3.0 数字生态体系的并行发展。Web3.0 的去中心化特征也引致新的监管难题,如何确定其监管边界成为新课题。

二、《全球数字契约》

2005 年,联合国在信息社会世界高峰会上通过《突尼斯议程》,规定了"重要多利益攸关"的相关原则和措施,为后续《全球数字契约》的形成提供了方向和愿景。《全球数字契约》力求建立一个全球框架,汇集和利用现有的数字合作进程,开展对话和合作,形成新的治理安排。一是在数字连通性和能力建设方面,使所有人特别是弱势群体以有意义和负担得起的方式与互联网连接,能够充分参与数字经济,保护自己免受伤害,追求身心健康和发展,在 2030 年前将所有学校连接到互联网;二是在开展数字合作、加快实现可持续发展目标方面,对数字公共基础设施和服务进行有针对性的投资,使数据具有代表性、可互操作和可获取,跨境汇集数据、人工智能专业知识和基础设施,设计全球统一的数字可持续性标准和保障措施;三是维护人权方面,扩大妇女对技术部门和数字决策的参与,并保护工人免受数字监控、任意的算法决定和丧失对其劳动的控制权;四是建设包容、开放、安全和共享的互联网方面,保护互联网的自由和共享性质,加强对互联网负责任的多利益攸关方治理,不采取扰乱、损害或破坏提供跨界服务的关键基础设施或支撑互联网普遍可用性和完整性的基础设施;五是提升数字信任和安全方面,为数字平台和用户制定强有力的问责标准和规范,制定信任标签和认证计划,建立共同监管机制;六是数据保护和赋权,向人们提供管理和控制其个人数据的能力和工具,为数据质量、衡量和使用制定多层次和可互操作的标准和框架;七是对人工智能和其他新兴技术的敏捷治理方面,将透明、公平和问责作为人工智能治理的核心,确保人工智能和其他新兴技术的设计和使用透明、可靠、安全,并在负责任的人类控制之下。

三、美国竞合政策

近年来,中美欧等国家和地区在制定数字领域的规范和标准方面的竞争加剧。为了应对来自包括中国在内的竞争对手的威胁,美国在《2021美国创新与竞争法案》中明确提出,要加强与盟友的合作。

同时,为了维持其在全球数字经济领域的霸权地位,美持续打压包括中国企业在内的各国数字企业。比如,以"网络安全""国家安全"等名义,对英国等多个国家施压,将中国企业排除出相关国家的5G网络建设;美国相关企业则借机抢占市场份额,从中受益。这些做法成为全球数字经济发展的重要阻碍。2023年8月10日,美国总统拜登签署行政令设立对外投资审查机制,限制美国主体投资中国半导体和微电子、量子信息技术和人工智能领域。

美方打着国家安全的幌子,大搞赤裸裸的经济胁迫和科技霸凌,其泛安全化、泛政治化行为的真实目的,是搞逆全球化、去中国化,将经贸科技问题政治化、工具化、武器化,剥夺中国发展权利,维护一己霸权私利。上述做法严重违反市场经济和公平竞争原则,严重破坏国际经贸秩序,严重扰乱全球产业链供应链稳定,严重损害中美两国乃至世界工商界利益。

四、中国独特贡献

完善全球数字治理机制,推动全球数字经济健康发展,对全球经济复苏和可持续发展至关重要。2021 年 9 月,国家主席习近平在北京以视频方式出席第七十六届联合国大会一般性辩论并提出全球发展倡议,将数字经济作为重点合作领域之一,进一步凝聚各方共识,推动国际社会共同应对挑战,共谋合作发展。我国积极参与世界贸易组织、二十国集团、亚太经合组织等机制合作,发布《网络空间国际合作战略》,提出促进数字时代互联互通倡议、《全球数据安全倡议》等,正式申请加入《数字经济伙伴关系协定》。从《金砖国家经济伙伴战略 2025》到"中非数字创新伙伴计划",再到《关于落实中国—东盟数字经济合作伙伴关系的行动计划(2021—2025)》,中国以全面系统的规划和行动帮助和带动发展中国家发展数字经济。

我国在数字经济领域取得的经验正造福全球。在数字经济领域搞所谓"小院高墙""脱钩断链",人为限制或阻碍数字科技合作,结果必将是损人不利己,不符合国际社会的共同利益。发达国家和发展中国家在数字经济方面的合作,成为实现全球可持续发展的基础。我国提出的建设数字丝绸之路倡议,有助于世界各国凝聚在一起,使发达国家和发展中国家可以彼此分享发展数字经济的经验,有助于发展中国家更多地获得发达国家创造的科技成果,促进人类命运共同体建设。我国同各方一道营造开放、公平、非歧视的数字经济发展环境,积极支持世行加快数字基础设施建设,缩小南北国家间的"数字鸿沟"。

在主办 G20 杭州峰会期间,我国首次把数字经济纳入 G20 议程。2022 年 11 月,在二十国集团领导人第十七次峰会上,中国提出了《二十国集团数字创新合作行动计划》,旨在推动数字技术创新应用,实现创新成果普惠共享,在数字产业化、产业数字化方面推进国际合作,释放数字经济推动全球增长的潜力。在数字经济议题上,G20 提出要打造开放、包容和非歧视的数字经济,致力于实现基于信任的数据自由流动和跨境数据流动,推进以人民为中心、赋能和可持续的数字化转型。

中国东盟已完成制定《数字经济合作伙伴关系行动计划2021—2025》,双方重点加大对本地区数字基础设施和数字化转型的投入,深化电子商务等务实合作,积极推动数字治理对话和数字规则协调衔接,加强数字互联互通。

第三章　怎样培养数字经济辩证思维

　　数字经济越是向纵深发展,就越要不断增强辩证思维能力。坚持辩证思维,就要自觉接受中西哲学智慧的滋养,自觉坚持和运用辩证唯物主义世界观和方法论,一分为二地看问题,承认、分析和解决矛盾,既要总结我国数字经济发展取得的主要成效,同时透视数字经济领域短板弱项,并坚持重点论,推进重点领域数字产业发展,聚焦战略前沿和制高点领域,立足重大技术突破和重大发展需求,增强产业链关键环节竞争力,完善重点产业供应链体系。2016 年 10 月,习近平总书记在主持十八届中央政治局第三十六次集体学习时强调,要正确处理安全和发展、开放和自主、管理和服务的关系,不断提高对互联网规律的把握能力、对网络舆论的引导能力、对信息化发展的驾驭能力、对网络安全的保障能力,把网络强国建设不断推向前进。

第一节 自觉树牢辩证思维

辩证思维反映和符合客观事物辩证发展过程及其规律性,体现"两点论"和"重点论"的统一,要求善于用联系的、发展的观点,从劣势中看到优势,从危机中看到机遇,从差距中看到潜力。

一、辩证思维是唯物辩证法方法论的重要组成部分

唯物辩证法是马克思主义关于自然、人类社会和思维的运动和发展普遍规律的科学。唯物论是辩证的唯物论,辩证法是唯物的辩证法。辩证思维是唯物辩证法在思维领域的运用,即运用唯物辩证法揭示客观事物运动规律的思维方式,坚持联系的观点、发展的观点和对立统一的观点看问题,承认矛盾、分析矛盾、解决矛盾,善于抓住关键、找准重点、洞察事物发展规律,在矛盾双方对立统一过程中把握事物发展规律,克服极端化、片面化。

辩证法按其本质来说具有批判和革命的特性,辩证思维的本质是矛盾思维,在于正确对待矛盾,重在运用对立统一规律分析问题、研究问题和解决问题。矛盾存在于一切事物之中,贯穿于一切过程始终。事物的性质主要由取得支配地位的矛盾的主要方面所规定。古人所说的"天地之间皆有对""物极必反""反

者道之动""孤阳不生、独阴不长""甘瓜抱苦蒂,美枣生荆棘"等,都是辩证思维的生动阐释。辩证思维体现"两点论"和"重点论"的统一。矛盾具有客观性、全面性和主次性。在坚持"两点论"的前提下,抓住主要矛盾和矛盾的主要方面,从而作出最优的选择。

二、辩证思维是我们党长期坚持的制胜法宝

中国共产党在百年历史进程中,运用辩证思维辨形势、识大势,积累了丰富的经验。在革命、建设和改革的长期实践中,辩证思维始终是我们党坚持运用的重要思想方法,是党和人民的事业不断取得胜利的重要保障,作为重要的优良传统得到一贯倡导和坚持。辩证思维不但用以科学判定历史方位,而且用来准确把握社会主要矛盾变化,从千头万绪、纷繁复杂的事物中抓住主要矛盾和矛盾的主要方面,更好在实际工作中把握现象和本质、内因和外因、形式和内容、偶然和必然、可能和现实的关系。

新时代必须更加自觉地运用辩证思维,把握认识对象的全面性、过程性、特殊性和多样性,增强工作协调性和平衡性,防止片面性和极端化。提升辩证思维能力,应掌握辩证思维基本原理,提升理论学习能力;增强大局意识,提升战略谋划能力;立足制度建设,坚持守正与创新的辩证统一。自我革命是马克思主义政党永葆革命性和科学性的根本途径。以伟大自我革命引领伟大社会革命,遵循了马克思主义关于事物总是在矛盾和斗争

中求得前进和发展的规律,是辩证思维在加强中国共产党自身建设上的灵活运用和创新,是一场刀刃向内的伟大斗争,是中国共产党百年奋斗的重大历史经验,开辟了中国共产党建设新的伟大工程的新境界。

三、辩证思维要求一切从实际出发

学习掌握世界统一于物质、物质决定意识的原理,从事物的相互联系和发展运动中进行考察,是坚持辩证思维的基本要求。坚持辩证思维,必须立足客观实际,一切从实际出发,坚持从实事求是和与时俱进有机统一当中感悟真理的力量。脱离客观实际,就会犯主观主义、形式主义、机械主义、教条主义、经验主义等错误。

新时代中国最大的客观实际,就是我国仍处于并将长期处于社会主义初级阶段。我国仍处于并将长期处于社会主义初级阶段的基本国情没有变,我国是世界最大发展中国家的国际地位没有变。这就要求思想认识符合客观实际,改变因循守旧的精神状态,冲破主观偏见和落后观念的束缚。在辩证思维这里,矛盾观点和系统理念相辅相成、相互补充。从对立走向统一,在对立面中谋求达到一种和谐的状态。在这种状态下,系统各要素间实现均衡、有序、稳定,逐渐达到动态的平衡和演化。

四、辩证思维是应对复杂局面和风险挑战的强大思想武器

当今世界正在经历新一轮大发展大变革大调整,人类面临的不稳定不确定因素依然很多,全球政治经济格局加速演变加快。我国发展阶段、发展环境、发展条件发生变化,推进中国式现代化是前无古人的全新实践,各方面利益关系更加复杂,各方面工作协同开展的难度更大。中国特色社会主义事业越是向纵深发展,越要不断增强辩证思维能力。只有学习掌握唯物辩证法的根本方法,才能不断增强辩证思维能力,提高驾驭复杂局面、处理复杂问题的本领。辩证思维方法包括归纳与演绎、分析与综合、抽象与具体、历史与逻辑等。运用这些辩证思维方法,增强认识规律和把握规律的能力,是科学进行战略谋划的前提和关键。

党的十八大以来,辩证思维被广泛运用于治国理政的各个领域。认识、把握和处理好质与量的关系,稳与进的关系,危与机的关系,供与需的关系,点与面的关系,内与外的关系,以及当前与长远的关系,整体与局部的关系,宏观与微观的关系,政府与市场的关系,效率与公平的关系,发展与安全的关系,先富与共富的关系,等等,都需要掌握辩证思维的规律,养成辩证思维的习惯和自觉,在权衡利弊、得失和优劣中作出最为有利的战略抉择。构建新发展格局体现了国内国际双循环既有联系又有区别、相互促进的客观要求,是立足当前、着眼长远运用辩证思维进行战略谋划的经典案例。

第二节　统筹数字经济发展和安全
　　　　　体现辩证思维

发展是首要任务,是安全的保障;安全是头等大事,是发展的前提。有效防范和应对可能影响数字经济健康发展的系统性风险,需要处理好发展和安全的关系,以安全保发展、以发展促安全,推动互联网这个最大变量成为社会经济发展的最大增量。2016 年 10 月,习近平总书记在主持十八届中央政治局第三十六次集体学习时强调,要正确处理安全和发展、开放和自主、管理和服务的关系,不断提高对互联网规律的把握能力、对网络舆论的引导能力、对信息化发展的驾驭能力、对网络安全的保障能力,把网络强国建设不断推向前进。2020 年 9 月,我国在"抓住数字机遇,共谋合作发展"国际研讨会上提出《全球数据安全倡议》,呼吁各国秉持发展和安全并重的原则,平衡处理技术进步、经济发展与保护国家安全和社会公共利益的关系。

数字经济在教育、医疗、养老、环境保护、城市运行、司法服务等领域广泛应用,引发经济结构重大变革,深刻改变人类生产生活方式和思维模式,实现社会生产力的整体跃升。同时,数字经济可能带来改变就业结构、冲击法律与社会伦理、侵犯个人隐私、挑战国际关系准则等问题,对宏观调控、经济安全等产生深远影响。在中国式现代化新征程上,要高度重视数字经济发展可能带来的安全风险挑战,主动识变应变求变,最大限度降低和化解风险,反对泛化滥用安全问题遏制打压他国正当经济和科技发展,为数字发展营造开放、包容、公平、公正、非歧视的环境。

一、人工智能

发展人工智能是一项事关全局的复杂系统工程。经过多年的持续积累,我国人工智能领域核心关键技术实现重要突破。语音识别、视觉识别技术世界领先,自适应自主学习、直觉感知、综合推理、混合智能和群体智能等初步具备跨越发展的能力,中文信息处理、智能监控、生物特征识别、工业机器人、服务机器人、无人驾驶逐步进入实际应用。要进一步把握世界人工智能发展趋势,突出研发部署前瞻性,根据基础研究、技术研发、产业发展和行业应用的不同特点,制定有针对性的系统发展策略。倡导开源共享理念,促进产学研用各创新主体共创共享,积极参与人工智能全球研发和治理,在全球范围内优化配置创新资源。

科技改变世界,人工智能对我们生活的影响广泛而深刻。人工智能作为新一轮产业变革的核心驱动力,不但释放历次科技革命和产业变革积蓄的巨大能量,而且重构生产、分配、交换、消费等经济活动各环节,催生新技术、新产品、新产业、新业态、新模式。我国经济发展中深化供给侧结构性改革任务非常艰巨,必须加快人工智能深度应用,培育壮大人工智能产业,为我国经济发展注入新动能。生成式人工智能技术,利用深度学习等方法,从大量数据中学习特征和规律,按照一定的要求和条件,自动创造出新的数据或内容的技术。对抗生成网络(GAN)技术可以生成动漫、风景、油画等各种风格和主题的图片、视频,变分自编码器(VAE)可以完成换脸、换发型、换衣服等图像编辑和转换,ChatGPT则可以进行文本创作和对话交互,在聊天、小说、评论、诗歌等领域有广泛用途。生成式人工智能技术丰富了互联网内容生态,降低了创作的门槛和成本,为信息生产和传播带来新变革新机遇。同时,生成型人工智能基于应用从辅助逐渐过渡到完全自动化,可能还需要一段时间。

作为一项非常有前景和潜力的技术,人工智能支撑无人机在帮助人们更高效地完成各种任务时发挥重要作用。俄乌冲突中无人作战系统的广泛应用,催化全球多国纷纷加大对无人作战系统的研制与列装进度。同时,这一趋势也带来风险和挑战,需采取相应的措施来规范和监管。美国空军一名高级官员曾披露,在一次人工智能系统操控无人机搜寻和瞄准敌方地空导弹系统的模拟演练中,美军人工智能(AI)系统抗命,为达成目标竟然"干掉"了无人机操控员。

ChatGPT已经在各领域的应用日益广泛,具有灵活、可靠、快速等优势,但也仍存在着深度知识不足、事实性错误、可解释性不强等问题,引发围绕歧视、隐私和安全漏洞等方面的担忧。比如,ChatGPT目前存在的用户隐私泄露、训练数据窃取、后门攻击影响模型输出结果等问题,可能随着推广的拓展和应用的深化而出现更多问题。我国坚持发展和安全并重、促进创新和依法治理相结合的原则,采取有效措施鼓励生成式人工智能创新发展,对生成式人工智能服务实行包容审慎和分类分级监管。

欧盟《人工智能法案》在加强人工智能监管的同时,也为初创企业、中小企业提供发展和创新预留了空间,充分体现了平衡安全监管和发展创新的监管理念。具体来说,该法案立足于支持欧洲的人工智能创新,对于中小企业、初创企业给予了相应的豁免,以防范监管政策可能对初创企业、中小企业形成的挤压或误伤。比如,一个企业单方面强加给中小企业或初创企业的相关合同条款或措施,如果是不公平的,则对后者没有约束力。鉴于人工智能技术的创新和初创企业、中小企业有着重要关联,该法案采取针对性措施,确保中小企业和初创企业能够轻松访问监管沙盒(通过沙盒机制,可提前了解相关风险,并在正式推出产品前修改不符合规定的设计),积极参与开发和测试。

第三届"一带一路"国际合作高峰论坛提出的《全球人工智能治理倡议》,是积极践行人类命运共同体理念,落实全球发展倡议和全球安全倡议的具体行动。倡议围绕人工智能发展、安全、治理三方面系统阐述了人工智能治理中国方案,核心内容包括:坚持以人为本、智能向善,引导人工智能朝着有利于人类文明进步的方向发展;坚持相互尊重、平等互利,反对以意识形态划线或构建排他性集团,恶意阻挠他国人工智能发展;主张建立人工智能风险等级测试评估体系,不断提升人工智能技术的安全性、可靠性、可控性、公平性;支持在充分尊重各国政策和实践基础上,形成具有广泛共识的全球人工智能治理框架和标准规范,支持在联合国框架下讨论成立国际人工智能治理机构;加强面向发展中国家的国际合作与援助,弥合智能鸿沟和治理差距等。

北京市《加快建设具有全球影响力的人工智能创新策源地实施方案(2023—2025年)》在营造人工智能优质创新环境的同时,积极探索对人工智能产业实行包容审慎监管。一方面,布局建设人工智能产业集聚区,升级和新建一批高质量人工智能产业空间载体;吸引国际创新资源开展交流合作,支持举办中关村论坛人工智能平行论坛等国际人工智能交流会议;发挥政府投资基金引导作用,支持长期资本、耐心资本面向人工智能芯片、框架和核心算法开展早期硬科技投资;持续做好人工智能企业挂牌上市培育工作。另一方面,持续推动监管政策和监管流程创新,对具有舆论属性或社会动员能力的人工智能相关互联网信息服务,建立常态化联系服务和指导机制,做好安全评估,推进算法备案,引导创新主体树立安全意识,建立安全防范机制。

2023年6月印发的《北京市机器人产业创新发展行动方案(2023—2025年)》提出,紧抓全球新一轮科技革命和产业变革机遇,加快推动本市机器人产业创新发展,打造全球机器人产业高地。该方案提出,一方面,支持企业和高校院所开展人形机器人整机产品、关键零部件攻关和工程化,集中突破人形机器人通用原型机和通用人工智能大模型等关键技术,大力推动开源控制系统、开源芯片、开源仿真软件等研制和应用,以3C电子制造、新能源汽车生产、安防应急等典型场景应用示范为牵引,通过"揭榜挂帅"等方式支持产业链上下游企业联合开展产品攻关和产线建设;另一方面,发挥行业组织和专业机构作用,加强机器人产业运行和动态监测,建立与重点企业、高校院所的常态化沟通机制,及时掌握创新产品研制、重大项目实施、主要政策落实等进展情况,及时优化调整支持措施,营造良好发展环境。

二、智能网联汽车

解决数据使用及数据保护之间的矛盾,是辩证思维在智能网联领域的典型运用。智能网联汽车具有巨大的潜力,在物流、公共交通、公共服务、农业、工业等领域都有广泛应用。在物流领域,可以通过自动化、智能化技术提高物流效率,减少物流成本,提高货物运输的准确性和安全性;在公共交通领域,可以通过智能化调度、智能化导航、智能化安全等方面提高公共交通的效率、安全性和舒适性;在公共服务领域,可以为医疗救护、消防救援、城市管理等方面提供更加高效、安全和智能的服务;在农业领域,可以通过智能化种植、智能化施肥、智能化喷灌等提高农业生产的效率和质量;在工业领域,可以通过自动化、智能化技术提高工业生产的效率和安全性,降低劳动力成本和人为因素导致的生产损失。总体上看,智能网联技术的应用正推动智慧城市建设和可持续发展,为城市管理和社会服务带来更加科技化、智能化的方案,将在未来经济社会发展中扮演更加重要的角色。比如,奇瑞专用车大力推进专用车智能化上装,发挥大数据优势,助力专用车"多、快、好、省"运营与发展。通过车辆互联,实现车辆之间的信息共享,提高交通效率和安全性。

可以看到,智能网联汽车是传统汽车产业与数字经济交叉融合发展的主要载体,但其功能实现所依赖的海量数据,存在安全合规隐患。智能网联汽车发展迅速的同时,其数据安全日益引起关注。一辆智能网联汽车是个移动的数据中心,能够瞬时采集、分析和共享数据,每天采集数据数量巨大,一旦数据泄露,不但威胁个人隐私,也对国家安全形成隐患。针对以上问题,奇瑞专用车通过传感器和算法技术实现车辆的智能化识别和预警智能安全应用,成为专用车安全卫士。

为加强交通运输数据安全管控,保护重要数据和个人信息,有关部门陆续出台行业规划、意见、规定和指南等,完善数据分级分类安全保护制度,制定智能交通数据应用安全标准,规范数据源采集和处理使用等活动,体现了对发展和安全的统筹。2023 年 5 月,北京市高级别自动驾驶示范区工作办公室根据合法、正当、必要与鼓励创新、审慎包容的基本原则,发布《北京市智能网联汽车政策先行区数据安全管理办法(试行)》,是一项国内自动驾驶示范区级数据安全管理方面契合产业需求与特征的数据安全专项性管理规范。2023 年 7 月,北京发布的《关于进一步推动首都高质量发展取得新突破的行动方案(2023—2025 年)》提出,要促进智能网联汽车产业引领发展。推动高级别自动驾驶示范区建设,对新建和改建道路严格按照示范区相关标准进行路侧智能化设备建设。持续推动北京经济技术开发区超高速无线通信技术(EUHT)专网建设,努力打造可向全国推广应用的技术标准。落实新能源汽车高质量发展实施方案,加快新能源汽车优质项目建设,持续提升核心零部件自主可控水平,引导带动一批高附加值零部件和新能源智能汽车供应链企业在京津冀布局。

三、商用密码

密码是国家重要战略资源,直接关系国家政治安全、经济安全、国防安全和信息安全。商业密码是应用最为广泛、与社会关系最为密切的一类密码,作为促进数字经济快速发展的重要引擎和维护国家安全的基础支撑,有力保障网络强国、数字中国等国家重大战略的顺利实施。随着金融、社保、交通、公安、能源、水利、教育、税务、卫生健康、广播电视、电子政务、工业和信息化、数字基础设施等领域商用密码应用不断深化,商用密码在维护国家主权、安全和发展利益过程中发挥重要作用。

进入新发展阶段,商用密码在创新能力、产业结构、供给质量、发展韧性等方面出现不适应不协调的情况,商用密码管理与高质量发展、高水平对外开放要求存在一定差距。以安全保发展,以发展促安全,实现安全与发展的平衡,是商用密码管理的出发点和落脚点。2023 年 5 月,国务院颁布《商用密码管理条例》,自 2023 年 7 月 1 日起施行。该条例对商用密码管理系列重大事项和重要制度作出明确规定,重点解决商用密码科技创新与产业发展不平衡不充分的问题,建立健全商用密码科技创新促进机制,支持商用密码科技创新,加强商用密码人才培养,鼓励和支持密码相关学科和专业建设,加强知识产权保护,鼓励商用密码科技成果转化和产业化应用;在鼓励自愿接受商用密码检测认证的同时,对涉及国家安全、国计民生、社会公共利益的商用密码产品提出强制性检测认证要求,完善电子认证服务密码保障体系,建立国家商用密码应用促进协调机制,推进关键信息基础设施、重要网络与信息系统依法使用密码保护网络与数据安全,同步规划、同步建设、同步运行商用密码保障系统,定期开展商用密码应用安全性评估;取消商用密码产品生产单位审批、销售单位许可、品种和型号审批,建立国家统一推行的商用密码认证制度,规范检测机构活动,更加重视发挥标准化和检测认证的支撑作用,更好激发市场活力和经营主体内生动力。

四、金融科技

金融科技在现代金融建设中具有重要基础性作用,承担着金融深化改革发展,提升服务和管理水平的重任。随着数据、模型和算法的深入应用,金融机构探索金融科技应用的前景更加广阔。人工智能和机器学习算法在客户营销服务方面能够发挥重要作用,不但可以动态预测客户理财需求,而且可以精准识别不同生命周期的客户群体,还可以为客户提供更加精准和个性化的投资建议。以人工智能为基础的资产配置和风险管理系统可有效帮助投资顾问快速提供财富管理和资产配置建议。与此同时,科技并没有改变金融信用本质,并且存在着数据隐私保护、数据权属、模型可解释性和公平性等问题,尤其是资产配置时仍需要考虑投资经理的主观判断和实际市场情况。需要统筹发展和安全,在鼓励创新和有效防范风险之间找到平衡,在数据、算法、算力的支撑下,不断降低风险损失、改善运营成本,创造更多业务价值。

第三节　推动数字经济和实体经济融合发展体现辩证思维

数字技术正全面融入人类经济、政治、文化、社会、生态文明建设各领域和全过程。数字经济是当今世界科技革命和产业变革的前沿阵地,实体经济是大国发展的坚实基础。深刻认识全球新一轮科技革命和产业变革浪潮下产业经济融合发展的内在规律,系统总结全球和我国数字经济和实体经济融合发展实践经验,才能准确把握数字经济和实体经济相互依存、相互促进的辩证关系。"十四五"提出,推进数字产业化和产业数字化,推动数字经济和实体经济深度融合。随着数字经济近年来的跨越式发展,也引发人们对数字经济虚拟化的忧虑。实际上,数字经济以互联网、大数据、人工智能甚至元宇宙等"虚拟"属性,为实体经济注入了新动能。数字经济与实体经济通过"虚实互补"的融合发展,带动对传统产业的全方位、全链条改造,促进生产、分配、流通、消费各环节有机衔接,提升我国经济发展的韧性和活力,成为未来经济增长的重要趋势。

党中央对发展数字经济和实体经济、构筑国家发展新优势做出重大战略部署,为新时代我国促进数字经济和实体经济融合发展提供了根本指引。党的二十大提出加快建设网络强国、数字中国,强调加快发展数字经济,促进数字经济和实体经济深度融合,打造具有国际竞争力的数字产业集群。5G正在重构城市信息基础设施,带动相关设备制造快速兴起,引领互联网内容产业的深度变革,实现消费互联网向产业互联网的关键跨越,这些均有利于扩大内需,带动就业,拉动经济增长,有利于推动实体经济转型和经济高质量发展。《数字中国建设整体布局规划》指出,要推动数字技术和实体经济深度融合,在农业、工业、金融、教育、医疗、交通、能源等重点领域,加快数字技术创新应用。支持数字企业发展壮大,健全大中小企业融通创新工作机制,发挥"绿灯"投资案例引导作用,推动平台企业规范健康发展。

一、基础设施

我国5G实现了技术、产业、网络、应用的全面领先,6G正在加快研发布局。5G、物联网、大数据、人工智能等数字技术在农业生产经营中融合应用。比如,我国已建成世界第二大物种资源数据库和信息系统,正在推广农业装备数字化管理服务;通过实施智慧水利工程,积极推动水利公共基础设施的数字化管理与智慧化改造,推动农业农村大数据应用,建立农业全产业链信息服务体系;通过部署工业互联网平台,实现人、机、物的全面互联,构建新型工业生产制造和服务体系,推动企业在控制生产成本和创新商业模式环节提质、降本、增效。

随着 2020 年 7 月北斗三号全球卫星导航系统正式开通并向全球提供服务,北斗产业体系的经济和社会效益日益显著。中国卫星导航定位协会发布的《2023 中国卫星导航与位置服务产业发展白皮书》显示,北斗系统已进入持续稳定运行、规模应用发展的新阶段,在智能交通、智慧能源、智能制造、智慧农业及水利、智慧教育、智慧医疗、智慧文旅、智慧社区、智慧家居和智慧政务等十大数字应用场景,深刻改变着人们的生产生活方式。

北斗系统正与其他技术实现融合创新。与 5G、云计算、区块链等技术的融合创新,催生出更广阔的卫星导航与位置服务大市场。北斗系统加速了融入自然资源、通信、交通、电力、水利等行业的基础设施建设的步伐。自然资源部门大力推进北斗系统在测绘地理信息、耕地保护、自然保护地监管、地质矿产、海洋事务、国土空间规划、生态保护修复、灾害预警防范、调查监测、林草碳汇计量等领域的深入应用;中国移动建成全球规模最大的 5G+北斗高精度服务系统,可面向全国 31 个省(区、市)提供高精度定位服务;北斗系统在防灾减灾领域的主要应用覆盖了灾情上报、灾害预警、救灾指挥、灾情通信等方面。北斗系统在行业及大众消费领域已实现较大规模应用。比如,北斗芯片级高精度定位广泛地应用于以共享出行领域,助力实现了电子围栏、入栏结算、停车指引、禁停区划设、定点停放等功能。2021年国内卫星导航定位终端产品总销量超 5.1 亿台,其中具有卫星导航定位功能的智能手机出货量达到 3.43 亿台,汽车导航后装市场终端销量达到 477 万台。随着泛在定位导航服务能力的不断提升,北斗系统正在实现时空服务的无时不有、无处不在。

2023 年 7 月北京发布的《关于进一步推动首都高质量发展取得新突破的行动方案(2023—2025 年)》提出,要夯实先进数字基础设施。完善高品质通信基础设施体系,推进双千兆计划,加快布局 5G 基站,争取建设国家新型互联网交换中心,超前布局 6G 未来网络。提升算力资源统筹供给能力,统筹各类政务云、公有云、私有云等算力中心资源,支持海淀区建设北京人工智能公共算力中心、朝阳区建设北京数字经济算力中心。统筹推进人工智能、区块链、大数据、隐私计算、城市空间操作系统等新技术基础设施建设。加快布局智慧城市共性基础设施,建立智慧城市感知设施"一套台账",加快打造"码链一体"城市码服务平台。

二、智能制造

以信息化带动工业化、以工业化促进信息化是新型工业化的鲜明特征。智能制造不仅能够大幅提升效率,夯实实体经济发展根基,推动构建现代化经济体系,而且可以更好地满足消费者的定制化需求,还可以通过节省能源消耗实现二氧化碳的减排。据工业和信息化部的数据,截至 2023 年 6 月底,我国已建成数字化车间和智能工厂近 8000 个,经过智能化改造,研发周期缩短了约 20.7%,生产效率提升了约 34.8%;工业企业关键工序数控化率、数字化研发设计工具普及率分别达到 60.1%、

78.3%,较10年前分别提升33.1和26.4个百分点。

智能制造的本质的人机交互,由智造系统完成分析、推理、判断、构思和决策等,从而缩短产品研制周期,提高生产效率和产品质量,降低运营成本和资源能源消耗。工业互联网、大数据、人工智能同制造业深度融合,推动制造业智能化发展,有力促进资源要素高效配置,大力提升全要素生产率。中国宝武宝钢股份的"黑灯工厂",即平时在不开灯的情况下,仍可以高效运转的智能制造工厂。工厂里工作的"员工",多为能够24小时"值班"的机器人。在这里,无线数传、激光雷达、物联网等感知技术,保障机器人在黑暗里一样恪尽职守,正常工作。

通过数字化技术,越来越多的企业正在完成从消费互联网向产业互联网的迭代升级。在杭州,一家成立于2015年的先进制造企业,为服饰企业提供自主仿真引擎的底层技术和产业链级工业软件,通过大幅减少打样次数,将30至60天的样衣设计研发周期压缩至3至6天,在降低成本的同时,也提升了供应链的柔性;同年成立的另一家协同制造企业,突破单一工厂间的信息孤岛的局限,通过聚合电子产业实体订单的信息流和资金流,将其自动排产到最合适的生产线上。这两个案例反映了产业升级和科技进步带来的巨大变化。这个过程中,一个沟通早期项目、市场化机构、国资平台、上市公司的资本生态,为持续性推动数字经济和实体经济融合发展,培育经济增长新动能,实现新旧动能有序平稳转换,提供了更多机会。

三、自动驾驶

近年来是我国车路行一体化融合加速并领先全球的关键阶段。以自动驾驶和车路协同等人工智能技术,助力缓解路口、路段、区域拥堵,实现交通综合治理,深刻改变了人们的出行方式,成为数字经济和实体经济融合发展的范例。

百度利用人工智能、大数据、自动驾驶、车路协同等新一代信息技术,打造 ACE 智能交通引擎,推动基础设施智能化、交通运输装备智慧化和出行服务便捷化,可以让城市交通效率提升15%到30%。北京亦庄、广州黄埔、河北保定等地部署 AI 智能信控系统以来,百度 Apollo 不断将自动驾驶核心优势释放到汽车和交通智能化领域,也引领着汽车与交通产业的智能化变革。这个过程中,百度在用 AI 原生思维重构其产品、服务和工作流程,更多的应用正基于大模型来开发,大模型正深度融合到实体经济当中。

自动驾驶领域和行业正经历一场技术革命,苏州智行众维智能科技有限公司(IAE)作为这场革命的先锋,以其拥有强大的技术实力和深远的行业洞察力,展示了最前沿的技术和解决方案,带来了新颖的技术革新和应用实践。智行众维的 X-IN-LOOP 智能网联仿真测试全栈式解决方案,展示了软件定义汽车的未来趋势,其软件测试、硬件在环测试、整车在环测试及实车道路测试,都体现出公司在智能驾驶仿真测试领域的雄厚实力。智行众维不仅对智能网联汽车的自动化软件测试提供了独特的解决方案,还研发基于 X-IN-LOOP 技术体系的功能安全软件测试方案,能够更好满足对智能驾驶车辆的安全和效率的双重需求。智行众维不仅建立了一个海量的"水木灵境"场景工场数据库,还利用这些数据为客户提供软件在环、硬件在环和车辆在环的仿真测试服务,可以大大缩短研发周期,提高测试效率,并确保产品的安全和可靠。此外,"水母"云算力海量仿真 SaaS 平台、HIL 硬件在环测试方案和车辆在环测试系统,都是智行众维对于仿真测试的深入研究和创新应用;同样试验场测试系统中的数据采集系统和 V2X 软目标物测试系统等,也都是对实际应用场景的深入挖掘和创新。

四、数字园区

人工智能技术的应用,为园区的发展注入了澎湃动力。在园区数字化方面,ChatGPT 的应用可以大显身手,有助于提高客户满意度、优化服务质量,从而增强园区的吸引力和竞争力。入驻园区的企业一旦提出咨询、服务请求,ChatGPT 智能化服务能够及时、精准予以回应,使得沟通效率大幅提升,同时也节省了大量人力物力成本。在园区交通、数据或政策等的解答上,智能客服机器人依托自然语言处理技术,能够做到对答如流。在市场趋势、企业需求、运营状况等分析方面,以及相关的决策支持上,ChatGPT 有大数据分析和机器学习技术的加持。园区决策者基于 ChatGPT 的辅助支持,便于开展对潜在入驻园区企业的筛选和评估,从而提高了招商效率。在园区的智能监控、环境管理等方面,ChatGPT助力园区实现对人和车辆自动识别,提升智能化办公环境的舒适度和幸福感。

北京亦庄的太和桥智慧园区,作为中国智能网联汽车车路云一体化系统落地的测试验证基地,搭建起智能网联汽车数字化研发平台,建立起基本算力、测试验证及试制平台,并设置了信控路口等各类场景,可满足5G网络测试、自动驾驶算法研发、路侧基础设施算法开发与性能测试、云控平台系统设计、智能网联汽车测试等需求。太和桥智慧园区所在的北京市高级别自动驾驶示范区,成为全球首个网联云控式高级别自动驾驶示范区。聪明的车、智慧的路、强大的云,与人们的生产生活越来越紧密相关。

第四节　积极发展和科学监管相统一
体现辩证思维

辩证思维体现"两点论"和"重点论"的统一。比如,既一分为二地看问题,总结我国数字经济发展取得的主要成效,同时透视了数字经济领域短板弱项,也坚持重点论,强调突破重点难点,推进重点领域数字产业发展,聚焦战略前沿和制高点领域,立足重大技术突破和重大发展需求,增强产业链关键环节竞争力,完善重点产业供应链体系,持续增强综合国力。

一、健全激励约束相容制度

激励与约束体现辩证思维,两者相辅相成、辩证统一。在数字经济治理的一些具体领域与环节,制度约束功能往往占主导,激励则作为辅助的次要功能,完全意义上的激励制度往往很少。数字经济制度激励约束功能的合力就很难充分发挥。

为了数字经济的规范健康可持续,必须尽快构建科学合理的数字经济规则和治理体系,构建更加规范有序、公平竞争的数字经济发展环境,带动数字经济持续、健康、规范发展。一方面,发展是最大的安全,既要科学监管,更要积极发展。另一方面,要筑牢数字安全屏障,完善数字社会环境,优化数字发展格局。

二、规范人脸识别技术应用

人脸识别技术具有广泛应用,但也面临系统遭破解、设备遭劫持、通讯遭篡改等风险,为了保护个人信息权益及其他人身和财产权益,维护社会秩序和公共安全,2023 年 8 月,国家互联网信息办公室关于《人脸识别技术应用安全管理规定(试行)(征求意见稿)》公开征求意见。该征求意见稿指出,使用人脸识别技术应当遵守法律法规,遵守公共秩序,尊重社会公德,承担社会责任,履行个人信息保护义务,不得利用人脸识别技术从事危害国家安全、损害公共利益、扰乱社会秩序、侵害个人和组织合法权益等法律法规禁止的活动。

三、推行数据分类分级监管

数据分类分级是数据合规最核心的问题。只有对数据进行有效分类分级,才能确保数据在共享使用和安全使用之间获得平衡。《中华人民共和国数据安全法》明确规定:国家建立数据分类分级保护制度,根据数据在经济社会发展中的重要程度,以及一旦遭到篡改、破坏、泄露或者非法获取、非法利用,对国家安全、公共利益或者个人、组织合法权益造成的危害程度,对数据实行分类分级保护。国家数据安全工作协调机制统筹协调有关部门制定重要数据目录,加强对重要数据的保护。

建立本机构本领域数据分类分级工作规程,是落实国家法律法规与行业管理要求的重要举措。为了指导中国人民银行业务领域数据处理者履行数据分类分级责任,《中国人民银行业务领域数据安全管理办法(征求意见稿)》要求,数据处理者应当建立数据分类分级制度规程,梳理数据资源目录标识分类信息,在国家数据安全工作协调机制统筹协调下,根据中国人民银行制定的重要数据识别标准,统一对数据实施分级,严格落实网络安全等级保护和数据安全风险评估等义务,并在此基础上进一步做好数据敏感性、可用性层级划分,以便在全流程数据安全管理中更好采取精细化、差异化的安全保护管理和技术措施。

四、合理应对跨境数据流动

数据和信息在跨国界流动过程中,相关国家和地区应兼顾经济发展和国家安全进行统筹考虑。2019 年 8 月,国务院发布的《中国(上海)自由贸易试验区临港新片区总体方案》指出,支持新片区聚焦集成电路、人工智能、生物医药、总部经济等关键领域,试点开展数据跨境流动的安全评估,建立数据保护能力认证、数据流通备份审查、跨境数据流通和交易风险评估等数据安全管理机制。2020 年 6 月,中共中央、国务院印发的《海南自由贸易港建设总体方案》提出,开展数据跨境传输安全管理试点,探索形成既能便利数据流动又能保障安全的机制。

跨境数据传输是指数据在不同的国家或地区之间的流动过程。经济发展与数据流动密切相关,跨境数据传输已经成为国际经贸往来中不可或缺的重要领域,但由于跨境数据传输牵涉到不同国家或地区的法律、隐私保护和安全,因此需要进行各具特色的审批和认证程序。当前,在线交易、跨境物流、跨境支付、电子认证、信用体系、数字贸易争端解决机制等跨境电子商务规则、标准尚未统一。主要表现在各国跨境数据流动管理政策过于保守,且受限于隐私保护、市场准入、产业能力、国家安全、地缘政治、国际格局等复杂因素的影响;跨境数据流动风险评估机制尚不完善,行业性跨境数据流动自律机制的作用尚未充分发挥。

随着全球互联网、大数据、云计算、人工智能、区块链等技术加速创新,各国正积极发起或参与数字经济领域的国际规则构建。应以联合国为主导,在所有成员国普遍参与的基础上协商制定国际规则,推动建立多边、民主、透明的国际互联网治理体系,实现互联网基础资源公平分配、共同管理。国际组织、信息技术企业、技术社群、民间机构等各主体可积极发挥与自身角色相匹配的作用。

第四章 怎样养成数字经济系统思维

　　系统具有整体性、结构性、动态性和开放性。坚持系统思维,要求统筹国内国际两个大局,立足全国一盘棋进行前瞻性思考、全局性谋划、整体性推进。提升数字经济系统思维,就需要从整体出发认识和把握数字经济,需要统筹兼顾、系统谋划、稳妥推进,正确处理好顶层设计与实践探索、战略与策略、守正与创新、效率与公平、活力与秩序、自立自强与对外开放等重大关系。运用系统思维分析问题、研究工作、提出思路,才能对各种矛盾做到了然于胸,同时优先解决主要矛盾和矛盾的主要方面,以此带动其他矛盾的解决,在整体推进中实现重点突破,从而有效促进改革发展。其中,系统观念是具有基础性的思想和工作方法。习近平总书记谈及系统观念时强调,要统筹兼顾、综合平衡,突出重点、带动全局,有的时候要抓大放小、以大兼小,有的时候又要以小带大、小中见大,形象地说,就是要十个指头弹钢琴。

数字经济本身是一个大系统,同时又由不同的子系统组成,子系统之间相互联系、相互作用,也相互影响和制约。在更加深刻复杂的发展环境中推动数字经济健康发展,必须运用系统思维方法,坚持从系统、整体、全局高度来把握数字经济运行规律,对相关事物和工作加以系统认识与系统把握。全面强化数字政府安全管理责任,推进完善风险应急响应处置流程和机制,强化重大问题研判和风险预警,提升系统性风险防范水平。营造新型基础设施跨越式发展的外部环境,以系统性思维加强顶层设计,创新新型基础设施投融资模式和机制。"十四五"时期,国家政务信息化工程建设将继续坚持"大平台、大数据、大系统"的总体架构设计,综合运用新技术、新理念、新模式,指导推进重大政务信息化工程。

第一节　用系统的观点看世界

一切事物和工作,都可以当作系统来认识和把握。系统是事物存在的普遍形式,世界以系统方式存在、运动和发展着。伴随着系统目标要素、结构和功能的变化,系统本身呈现出多样性特点。系统思维是基于系统观点和方法的思维方式,即把认识对象作为系统,从系统和要素、要素和要素、系统和环境的相互关系和作用中综合考察认识对象的思维方法,是由客观理性向主观理性的转换与升华。这一思维建立在马克思哲学和系统科学基础之上,直接发端于现代科学技术,也是辩证思维的具体深化,具有整体性、结构性和动态性等特征,在当代科学、技术和管理中占据重要地位。本源论、过程论、认识论等相关的观点和观念,引导古代的先贤与劳动人民创造了辉煌灿烂的科学和文化成果。东方和西方早期的自然哲学中,初见系统思维的胚胎和萌芽。古代中医理论主张,人体的肺腑经络构成有机联系的整体,并注重考察气候、季节等外部环境对人体机能的影响。自20世纪20年代起,随着系统科学的兴起,运用系统思维认识和处理世界的复杂性,成为系统哲学的方法论追求。系统科学的发展推动系统思维不断成熟和发展。用系统思维看世界,把万事万物放在普遍联系的存在状态中来思考、来对待,已经成为开展科学研究和实践活动的重要范式,具有重要的理论意义和现实价值。经济社会发展是一个系统工程,必须综合考虑政治和经济、现实和历史、物质和文化、发展和民生、资源和生态、国内和国际等多方面因素。推进中国式现代化更是一个系统工程,需要系统谋划、整体推进,正确处理好一系列重大关系。作为对历史和现实高度概括的思维方法,系统思维成为新时代政策和策略的方法论指南。

一、整体性

系统是由两个或两个以上元素相结合的有机整体。从整体上认识系统,是深化认识的出发点和基本目标。系统思维作为具有方法论意义的框架结构和思维机制,首先体现为有关整体的观点和观念,摆脱了由局部决定整体的思维束缚。随着思维演进的深入和综合分析的推进,无论是思考问题的视角,还是认识事物的方法,都会发生重大跃升,从而达到对系统整体的全面把握。习近平总书记指出,要深入研究各领域改革关联性和各项改革举措耦合性,深入论证改革举措可行性,把握好全面深化改革的重大关系,使各项改革举措在政策取向上相互配合、在实施过程中相互促进、在改革成效上相得益彰,发生化学反应,产生共振效果。

我国古老的传统哲学中,就已把世界视为一个整体。古代以动态、开放的系统视角,解释宇宙发生过程,"天人合一""阴阳五行"所蕴涵的循环往复、周而复始、动态平衡、生克制化等朴素观点,对整体和局部的关系进行了多维度的阐释。自然界和人类社会面临的许多现实问题具有复杂的关联性和整体性,并非孤立存在。系统思维主张全面、综合考虑问题,突出思维的综合性,重视整体性及要素的关联性、耦合性和协同性,摒弃把整体简单看成由部分机械相加的固有思维方式,也反对只抓一点、不及其余,而是从系统与要素之间、要素与要素之间、系统与环境之间的联系和作用角度,来认识和把握认识对象的整体性、关联性。统筹兼顾、整体施策、多措并举,并利用反馈和控制机制,实现对系统的调节控制和系统目标的优化。割裂了系统的整体性,头痛医头、脚痛医脚,各管一摊、相互掣肘,必然造成对系统认识的不全面、不科学、不深入。

二、结构性

系统的整体不等于其局部的简单相加。系统具有一定的结构和功能。系统结构是功能的内在载体,功能则是结构的外在表现。一般来说,系统内部的元素要想影响整个系统,只有通过影响结构来实现;外界要想对系统整体产生作用,也需要通过对系统的结构或功能产生作用来达到目的。结构决定和制约系统功能的性质和数量,结构的变化必然引起功能的变化。寻求系统的最佳功能,应从系统的最佳结构着手推动。

系统思维强调系统由相互作用、相互依赖的若干组成部分结合而成。构成整体的诸多要素是多维度、多层次的,这就要求对系统的考察是全方位、立体性的,推动要素之间错综复杂的隐性联系和非线性关系实现显性化表达。组成系统的元素不是简单堆积,而是相互联系的,需要进行由此及彼、由表及里的综合分析。

三、动态性

从动态性角度认识和解决问题,是系统思维的基本特性。系统的稳定性是相对的。系统状态的无序和有序不可分割地交织在一起,系统既可能从无序向有序变化,也可能从有序向无序变化,或进化或者退化,这个过程中直接标示着系统的动态性特征。

客观世界的运动属性可以归结为系统的运动属性。系统各要素之间以及系统与外部环境间的联系,会随着时间变化而不断变化。既然系统不是静止的,而是随时随地在发展变化着,那么研究解决系统问题,就要从动态的发展变化的观点和非线性思维来观察分析,把复杂系统看作过程系统来对待,就要善于根据瞬息万变的新情况、新问题作出新判断、新部署。

四、开放性

开放性是系统的重要特征。任何一个现实中的系统都是开放的系统。开放性是系统存在和发展的前提,是系统形成有序结构的重要基础。封闭意味着故步自封、停滞不前,封闭意味着必然落后。系统与外界不断交流物质、能量和信息,才能维持其活力。不存在完全封闭的系统,一个耗散结构系统必须与外部环境进行物质、能量或信息的交换。在古希腊早期的自然观里,哲学家们一直在追寻事物的多样性和变化的统一性;他们以朴素的系统眼光观察自然界、人类社会和人的思维,并提出,系统内部各部分处于一定的相互联系中,也与外部环境发生关系。

在同外界进行物质、能量和信息的交换过程中,系统通过反馈进行自我调适,逐步从低级有序走向高级有序,实现促进系统完善和发展的目标。同时,鉴于开放的系统倾向于加速发展,应对系统施以一定的控制,通过正负反馈进行适度调节,确保系统朝着既定方向和目标以最佳状态运行。不论某个领域、某个方面,还是一个地区、一个国家,必须始终坚持对外开放。

第二节　用系统思维认识数字经济的
整体性特征

整体性贯彻系统思维的全程和全域。坚持数字经济系统思维方式的整体性,需把数字经济作为一个大系统来认识,在系统中加以考察和研究。要充分发挥社会主义制度集中力量办大事的优势,推进项目、基地、人才统筹布局,当前急需与长远发展梯次接续,创新能力建设、体制机制改革和政策环境营造协同发力。

一、统一而广阔的市场

我国拥有统一而广阔的市场,有全球最大规模的中等收入群体,有全球最活跃的数字经济投资和创业生态系统。中国信息通信研究院发布的《全球数字经济白皮书(2022年)》显示,2021年全球47个主要国家数字经济增加值规模达到38.1万亿美元(占GDP的45%),其中中国数字经济规模达到7.1万亿美元,占47个国家总量的18%左右。国家互联网信息办公室会同有关方面编制形成的《数字中国发展报告(2022年)》提到,2022年,国家网民规模达10.67亿,互联网普及率达75.6%,数字经济规模达50.2万亿元(稳居世界第二,占国内生产总值比重提升至41.5%);截至2022年底,累计建成开通5G基站

231.2万个,5G用户达5.61亿户,全球占比均超过60%;移动物联网终端用户数达到18.45亿户,成为实现"物超人"的国家。

《"十四五"数字经济发展规划》进一步突出体系化设计、系统化布局,着力构建推动数字经济发展的"四梁八柱",对"十四五"时期我国数字经济发展作出了整体性部署。《数字中国建设整体布局规划》明确,数字中国建设按照"2522"的整体框架进行布局,即夯实数字基础设施和数据资源体系"两大基础",推进数字技术与经济、政治、文化、社会、生态文明建设"五位一体"深度融合,强化数字技术创新体系和数字安全屏障"两大能力",优化数字化发展国内国际"两个环境"。

二、数字孪生城市

系统级思维作为一种寻求对需要解决的问题保持整体观点的方法,在数字孪生城市领域,有很好的应用和体现。从2018年雄安新区规划纲要中提出数字孪生城市概念,到"十四五"规划纲要中明确要探索建设数字孪生城市,目前已经成为各地城市运营和管理的重要抓手。数字孪生城市是指为了实现对现实城市的监测、诊断、回溯、预测和决策控制,在数字世界中创建的数字虚拟城市,是新型智慧城市建设的组成部分和未来新型城镇化建设的工作重点。

由物联网、大数据、BIM、GIS、人工智能等多项前沿技术组成的工具箱,是数字孪生城市的技术底座。2021年3月,全国信息技术标准化技术委员会成立城市数字孪生专题组,推动数字孪生标准试验验证与应用示范。

在任何一个城市中,电厂都是至为重要的基础设施之一。数字孪生技术通过对分布式资源物理实体的特征、行为、过程和性能等进行虚拟建模,成为虚拟电厂运行优化的理想途径。虚拟电厂作为利用通信技术和软件系统创建的一套电力能量管理系统,将闲散在终端用户的充电桩、储能、空调、分布式光伏等电力资源聚合并加以优化控制,参与电网运行,为系统提供调节支撑。虚拟电厂的运作的实质,是根据市场的电力供需情况,将上游的电力经由中游的数字化平台统一调配,再分配给下游的需求方。海南具有丰富的清洁能源资源,已建或在建的省域智能电网、电动汽车充电网、新型储能网等极具资源潜力,具备建设高标准虚拟电厂的先决条件。海南正在建设的500千伏省域数字电网,将数字技术贯通规划、设计、施工、投产、运维全周期,力求建成数字电网全景"一张图"管控平台。数字电网建成后,将进一步加强源网荷储多向互动,充分发挥需求侧资源削峰填谷作用,促进海南电力供需平衡和经济社会高质量发展。

三、元宇宙

元宇宙是指人类运用数字技术构建的、由现实世界映射或超越现实世界并与现实世界交互的虚拟世界。随着虚拟现实设备和高速通信技术的进步,人们对元宇宙已产生了巨大关注。通过整合物联网、数字孪生等概念,元宇宙允许人们在沉浸式虚拟环境中,长时间内与处在遥远地方的其他人互动,并影响真实物理世界,也影响虚拟现实体验。元宇宙技术应用,成为 2023 年杭州亚运会的亮点之一。2023 年 8 月,杭州亚组委联合中国移动推出我国首个大型国际综合体育赛事元宇宙,发布"亚运元宇宙"平台。"游览"城市、"参与"热门赛事、"见证"亚运火炬传递、向杭州亚运会吉祥物学习亚运知识等,都可以在"亚运元宇宙"虚拟世界里实现。2023 年 9 月 23 日杭州亚运会开幕式当晚,来自全球范围内的 105791208 名"数字火炬手"汇聚钱塘江,参与点火,实现全球首个数字点火仪式,实现了数字世界和现实世界的同频共振。

元宇宙是一个不断发展的概念。元宇宙或将演化成为一个超大规模、极致开放、动态优化的复杂系统,涵盖技术体系、连接体系、内容体系、经济体系和法律体系。元宇宙作为新一代信息技术集成创新和应用的未来产业,成为新型工业化建设的重要发力点。长期看,元宇宙关键核心技术实现重大突破,有望通过虚实互促引领下一代互联网发展,加速制造业高端化、智能化、绿色化升级,支撑建设现代化产业体系,形成全球领先的元宇宙产业生态体系。元宇宙是数字与物理世界融通作用的沉浸式互联空间,是数字经济与实体经济融合的高级形态。全球元宇宙产业加速发展,世界上主要经济体均持续加强政策支持。

我国具备发展元宇宙产业的坚实基础,但在关键技术、产业生态、领军企业、标准治理等方面仍存在短板弱项。2023 年 8 月,为加快培育未来产业新赛道新优势,工业和信息化部、教育部、文化和旅游部、国务院国资委、国家广播电视总局等五部门以构建工业元宇宙、赋能制造业为主要目标,联合印发《元宇宙产业创新发展三年行动计划(2023—2025年)》,推动构建先进元宇宙技术和产业体系,培育三维交互的工业元宇宙,打造沉浸交互数字生活应用,构建系统完备产业支撑,构建安全可信产业治理体系。该计划提出:到2025年,元宇宙技术、产业、应用、治理等取得突破,成为数字经济重要增长极,产业规模壮大、布局合理、技术体系完善,产业技术基础支撑能力进一步夯实,综合实力达到世界先进水平。培育3—5家有全球影响力的生态型企业和一批专精特新中小企业,打造3—5个产业发展集聚区。工业元宇宙发展初见成效,打造一批典型应用,形成一批标杆产线、工厂、园区。元宇宙典型软硬件产品实现规模应用,在生活消费和公共服务等领域形成一批新业务、新模式、新业态。

四、北斗卫星导航系统

互联网是人类共同的家园,每个人都在网络空间休戚与共、命运相连。互联网让世界变成了"地球村",卫星导航则让村内的联系更便捷、高效、精准和安全。北斗卫星导航系统作为与人类日常生活关系最密切的全球卫星导航系统四大供应商之一,作为我国提供给世界的公共服务产品,越来越推动国际社会成为你中有我、我中有你的命运共同体。随着新一轮科技革命和产业变革加速推进,北斗正服务全球、造福人类,为构建人类命运共同体贡献力量。

从2000年底北斗一号系统的建成,再到2020年7月31日北斗三号全球卫星导航系统建成开通,我国向全球提供了全天候、全天时、高精度的定位、导航与授时服务,在交通运输、气象测报、救灾减灾、公共安全等方面有着广泛应用。据《2023 中国卫星导航与位置服务产业发展白皮书》提供的数据,2022 年我国卫星导航与位置服务产业总体产值达到 5007 亿元人民币,同比增长 6.76%。在数字经济发展过程中,卫星导航与互联网一样,成为不可或缺的重要技术支撑,在移动互联网、工业互联网、产业互联网以及更多新兴领域,都有深度应用的广阔舞台。北斗系统正与互联网、大数据、人工智能等新技术融合发展。

由于北斗系统卓越的服务性能,国际用户的认可度越来越高。在非洲、在阿拉伯国家、在东盟,北斗广泛应用于农业生产(如无人机植保)、城市治理(医院建设测绘测量)、野生动物保护(濒危动物迁徙监测跟踪)等各个领域。

第三节　用系统思维掌握数字经济的
结构性特征

只有从数字经济各要素的相互联系和结合上研究数字经济的运动和发展,才能找出规律,实现数字经济系统功能的整体优化。数字经济语境下,需统筹建设协同治理大系统。数字经济会因新的技术体系而改变自身的结构。

一、东数西算

我国的算力资源不均衡,中西部地区数据中心的分布较少,北上广深等东部地区的一线城市则集中了大部分的数据中心。由于数据中心的建设和运营需要消耗大量电力,将数据中心等算力设施建设向西部转移,不但能够缓解东部的能耗压力,还能够有效发挥西部资源优势。将东部算力需求有序引导到西部,利用西部的资源禀赋优势,构建数据中心、云计算、大数据一体化的新型算力网络体系,有利于促进东西部协同联动,实现全国数字经济基础设施的均衡布局。

按照相关部署,全国建设 8 个国家算力枢纽节点中,其中成渝枢纽、内蒙古枢纽、贵州枢纽、甘肃枢纽、宁夏枢纽 5 个都集中在西部地区。宁夏算力枢纽的中卫数据中心集群所在地中卫市,整体气候较为适宜(年平均气温 8 度左右),且拥有充足的电力资源,可有效降低算力基础设施的运行成本。2020 年 12 月,国家发展改革委发布的《关于加快构建全国一体化大数据中心协同创新体系的指导意见》提出:到 2025 年,全国范围内数据中心形成布局合理、绿色集约的基础设施一体化格局。东西部数据中心实现结构性平衡,大型、超大型数据中心运行电能利用效率降到 1.3 以下。数据中心集约化、规模化、绿色化水平显著提高,使用率明显提升。公共云服务体系初步形成,全社会算力获取成本显著降低。政府部门间、政企间数据壁垒进一步打破,数据资源流通活力明显增强。大数据协同应用效果凸显,全国范围内形成一批行业数据大脑、城市数据大脑,全社会算力资源、数据资源向智力资源高效转化的态势基本形成,数据安全保障能力稳步提升。

二、游戏工业化

标准化、自动化和规模化构成游戏工业化的三个要素。人工智能技术作为自动化工具,带来产出的标准化和可复制,产出的标准化和自动化使规模化成为可能,进而实现游戏行业的工业化。

AIGC(AI Generated Content)通过降低游戏研发过程的沟通成本,显著提高素材初稿的产出效率,由此提升了内容创意和产能。AIGC替代重复性人工的后果之一,是更多的劳动力从简单、重复和程序性的劳动环节解放出来,转而专注于创意型和高质量的产出。

伏羲实验室成立于2017年9月,一直紧跟时代热点和未来导向,致力于用人工智能点亮游戏的未来。该平台对内支持游戏产品开发,对外支持各种产品的落地应用。在模型训练方面,自研的预训练模型在云音乐、网易新闻等应用场景落地验证。

三、数字住建

在建筑信息模型(BIM)基础上,融入地理信息系统(GIS)、物联网系统(LOT)等,就升级为城市信息模型(CIM)。

2019年12月,全国住房和城乡建设工作会议提出:要加快构建部、省、市三级 CIM 平台建设框架体系。为贯彻落实党中央、国务院关于建设网络强国、数字中国、智慧社会的战略部署，进一步指导地方做好城市信息模型（CIM）基础平台建设，住房和城乡建设部在总结各地 CIM 基础平台建设经验基础上，2021年对《城市信息模型（CIM）基础平台技术导则》进行修订。通知明确：CIM 基础平台应遵循"政府主导、多方参与，因地制宜、以用促建，融合共享、安全可靠，产用结合、协同突破"的原则，统一管理 CIM 数据资源，提供各类数据、服务和应用接口，满足数据汇聚、业务协同和信息联动的要求。为加快"数字住建"体系建设，打造 CIM 基础平台，2023 年 6 月，广东省人民政府印发进一步深化数字政府改革建设的实施意见，提出要加快"数字住建"一体化应用体系建设，打造城市信息模型（CIM）基础平台，推进城市运行管理服务平台建设应用。

四、数字经济制度体系

数字经济制度体系是由相关具体制度构成的整体，各具体制度又各有其制度功能，同时彼此之间互相影响和依赖，共同确保数字经济健康发展。根据制度功能的不同，将数字经济制度体系分为以激励为主的制度（主要包括产权制度、规划制度、创新制度、开放制度）和以约束为主的制度（主要包括税收征管制度、公平竞争制度、测度考核制度、安全保障制度）两个子体系。

数字经济制度体系是一个有机的制度整体，具有结构性、自治性和有序性。制度变迁的任何子环节、子领域都可能影响整体,可谓牵一发而动全身。数字经济制度不是简单的要素相加之和,而是具有整体性和系统性,不但要明确制度创设目标和基本原则,界定权利和义务、权力和责任,而且要明晰适用的主体、事项和范围,厘清制度执行的主体、程序和保障机制。从制度内容上,既要有事前的客观公正评判,也要有事后的及时有效救济。同时,数字经济制度体系的整体性和结构性,直接决定了数字经济制度体系的有效性。

第四节 用系统思维感受数字经济的 动态性和开放性特征

经济系统随着技术进步而不断调适和重构。数字经济高质量发展是新时代建成数字强国的物质基础,推动了政府、社会、市场互动协同以及体制、机制、政策耦合融合,为坚持和完善中国特色社会主义制度、推进国家治理体系和治理能力现代化提供了有力保障。数字经济情境下培育的智能生产和智造模式、网络化协同制造模式、个性化定制模式、服务型制造模式等,随着信息技术的持续创新而动态发展,众包制、分包制、外包制、项目制、合伙制等进一步丰富和重塑了数字经济的形态。

社会系统是一个开放的复杂的巨型系统。数字经济是整个社会系统的子系统,与全球经济大系统有着日趋紧密的联系,并不间断地产生影响和互动。当前,参与数字经济发展实践的各方对数字经济开放性特征越来越重视,《数字中国建设整体布局规划》指出,要构建开放共赢的数字领域国际合作格局。统筹谋划数字领域国际合作,建立多层面协同、多平台支撑、多主体参与的数字领域国际交流合作体系,高质量共建"数字丝绸之路",积极发展"丝路电商"。与此同时,拓展数字领域国际合作空间,积极参与联合国、世界贸易组织、二十国集团、亚太经合组织、金砖国家、上合组织等多边框架下的数字领域合作平台,高质量搭建数字领域开放合作新平台,积极参与数据跨境流动等相关国际规则构建。

一、生成式人工智能(AIGC)

随着人工智能从理解内容走向自动生成内容,AIGC 已经可以熟练地创作图文、视频内容。2023 年 1 月 AIGC(AI Generated Content)概念股突飞猛涨以来,AIGC 再次站上风口浪尖。中国智能数字人市场规模呈现高速增长趋势。百度短时间内接连推出度晓晓、希加加、文夭夭等应用场景截然不同的数字人。

2020 年的百度世界大会上,度晓晓作为"智能助理"首度问世。借助文心大模型、AI 超写实建模所构成的 AI 内核,度晓晓具备了创作能力和极强的互动性。2022 年,依托百度 AIGC 技术的数字人主播度晓晓,成为全国两会报道中的独特风景线。阿里数字人早已开始直播带货,用 AI 代替主播的部分功能和任务。网易、腾讯、字节、华为等也都推出了类似产品。

生成式人工智能技术,是指具有文本、图片、音频、视频等内容生成能力的模型及相关技术。生成式人工智能服务提供者，是指利用生成式人工智能技术提供生成式人工智能服务（包括通过提供可编程接口等方式提供生成式人工智能服务）的组织、个人。生成式人工智能技术能够帮助创作者解决大量重复性的工作，正在成为创作者最重要的创作工具。AIGC 正在重塑短视频内容生态，带动内容行业发现颠覆性变革。视频初剪原本需要花费大量精力和时间，AIGC 胜任并承接这部分工作后，会解放创作者的生产力。比如，度咔剪辑依托人工智能技术，用 AIGC 辅助创作，让内容创作更加高效、专业；冬奥会期间，百家号 TTV（图文转视频）技术验证了 AIGC 的发展潜力，创作者只需要编辑好图文内容，就可以借助 AI 技术自动生成视频，图文到视频的创作周期由此大幅缩短；基于 AIGC 的图文转视频技术与数字人主播进行结合，可创作出更多具有独特价值的多元化内容。近年来，虚拟数字人的商业价值在部分领域已经明显显现，目前落地比较快的主要有虚拟主播和具备 IP 属性的虚拟偶像。随着 AI 技术的不断进步尤其是算法的不断突破，借助计算机图形学、语音合成技术、深度学习、类脑科学、计算科学等聚合科技，虚拟数字人将会提供更加自然、流畅、具有个性化的服务，虚拟演唱会、电商直播、在线教育等领域正在成为用户与平台沟通互动的重要媒介。

二、数字乡村

数字乡村是伴随网络化、信息化和数字化在农业农村经济社会发展中的应用,以及农民现代信息技能的提高而内生的农业农村现代化发展和转型进程,既是乡村振兴的战略方向,也是建设数字中国的重要内容。数字乡村相关政策的变迁,体现了动态性和开放性的统一,相关政策效果在各地有了较好体现。

2019 年 5 月,中共中央办公厅、国务院办公厅印发《数字乡村发展战略纲要》。实施数字乡村战略,主要分四个阶段:到2020 年,数字乡村建设取得初步进展。农村互联网普及率明显提升,农村数字经济快速发展,"互联网政务服务"加速向农村延伸,网络扶贫行动向纵深发展,信息化在美丽宜居乡村建设中的作用更为显著。到 2025 年,数字乡村建设获得重要进展,城镇"数字鸿沟"明显缩小。4G 在乡村进一步深化普及,5G 创新应用逐步推广。农村流通服务更加便捷,农村网络媒体繁荣发展,农村数字治理体系日趋健全。到 2035 年,数字乡村建设获得长足进展。城镇"数字鸿沟"大幅缩小,农民数字化素养显著提高。农业农村现代化基本实现,城镇基本公共服务均等化基本实现,农村治理体系和治理能力现代化基本实现,生态宜居的美丽乡村基本实现。到本世纪中叶,全面建成数字乡村,助力乡村全面振兴,全面实现农业强、农村美、农民富。

2019 年中央一号文件提出实施数字乡村战略,2020 年中央一号文件提出开展国家数字乡村试点,2021 年中央一号文件提出实施数字乡村建设发展工程,2022 年中央一号文件提出大力推进数字乡村建设。根据《关于开展国家数字乡村试点工作的通知》要求,中央网信办会同有关部门组织开展国家数字乡村试点工作,并于 2020 年 9 月公示国家数字乡村试点地区名单。以此为标志,数字乡村发展进入全面推进阶段。

标准化在推进数字乡村建设中发挥着引领性、支撑性作用。加强数字乡村标准化建设,对于推动解决当前数字乡村领域基础设施、农机装备、信息系统、数据资源难于互联互通等问题,全面支撑乡村生产方式、生活方式和治理方式数字化转型具有重要意义。为贯彻落实党中央、国务院决策部署,指导当前和未来一段时间内数字乡村标准化工作,中央网信办会同有关部门编制《数字乡村标准体系建设指南》,提出了数字乡村标准体系框架,明确了"十四五"时期数字乡村标准化建设目标、建设内容和建设路径,进一步优化标准规划布局,突出标准有效供给,强化标准应用实施,为标准化建设引领数字乡村高质量发展、助力乡村全面振兴提供了保障。

2022 年 1 月,中央网信办会同有关部门印发《数字乡村发展行动计划(2022—2025 年)》。数字技术正在推动中国乡村深刻变革,为乡村发展、乡村建设、乡村治理全面赋能。2023 年中央一号文件要求深入实施数字乡村发展行动,推动数字化应用场景研发推广,这将进一步加快中国数字乡村建设步伐。

有关地方立足新时代国情农情,将数字乡村作为数字中国建设的重要方面,加快信息化发展,整体带动和提升农业农村现代化发展。中国电子信息产业集团有限公司在陕西镇安县建成的党建引领基层社会治理"1844"智慧平台,涵盖 1 个县总指挥部、8 个专项指挥部、15 个镇(街道)指挥部、156 个村(社区)指挥所系统,实现了县总指挥部与 8 个专项指挥部、15 个镇(街道)、156 个村(社区)、3202 个片区的上下联通、可视调度。比如,生态环保过去主要依靠人工巡查,现在借助无人机定期监测、视频常态监测,织密了全天候监测网络。

三、智慧教育

智慧教育是开放的教育。数字技术具有互联互通、动态共享的特征,能够快速高效地把分散的优质资源聚合起来,突破时空限制,跨学校、跨区域甚至跨国家传播分享,让那些身处不同环境的人都能够平等地拥有获得教育资源的机会和渠道。我国抓住世界范围内发展大规模在线课程的机遇,经过十年的建设,集聚了一大批优质慕课。目前,平台拥有 7.6 万名高等院校名师名家、2.7 万门优质慕课课程、1800 门国家一流课程,实现了"一个平台在手、网尽天下好课"。平台受到很多国家学习者欢迎,超过 1300 万国际用户注册,覆盖了 166 个国家和地区。

我国构建的智慧教育平台体系,聚合起高质量、体系化、多类型的数字教育资源,为包括在校学生在内的社会公众提供不打烊、全天候和开放式的服务,极大推动了教育资源数字化与配置公平化,满足了学习者个性化、选择性需求,更为全民终身学习提供了强大广阔的数字支撑。

智慧教育助力基础教育和高等教育,让一流的课程突破校园边界。相关数字资源涵盖德育、课程教学、体育、美育、劳动教育、课后服务、教师研修、家庭教育、教改经验、教材等多个板块,让远在边疆、身处农村的孩子和大城市的孩子"同上一堂课"，身临其境，共享共用。

四、"数字丝绸之路"

开放是开展网络空间国际合作的前提，也是构建网络空间命运共同体的重要条件。应秉持开放理念，奉行开放政策，丰富开放内涵，提高开放水平，反对分裂互联网，反对利用自身优势损害别国信息通信技术产品和服务供应链安全，促进不同制度、不同民族和不同文化在网络空间包容性发展。

数字丝绸之路是数字技术对"一带一路"倡议的支撑，是数字经济发展和"一带一路"倡议的结合，在推动各国数字经济发展方面取得丰硕成果。数字技术发轫于开放共享的互联网的发展，开放是数字经济的固有基因，与开放包容的"一带一路"倡议完美契合。我国坚持走和平发展道路，推动数字丝绸之路建设走深走实，努力把"一带一路"建成和平之路、数字之路，与世界各国一道，加快构建网络空间命运共同体。2023 年 10 月，习近平主席在第三届"一带一路"国际合作高峰论坛开幕式上，提出了对建设数字丝绸之路的殷切期盼：中方将创建"丝路电商"合作先行区，同更多国家商签自由贸易协定、投资保护协定。全面取消制造业领域外资准入限制措施。主动对照国际高标准经贸规则，深入推进跨境服务贸易和投资高水平开放，扩大数字产品等市场准入，深化国有企业、数字经济、知识产权、政府采购等领域改革。中方将每年举办"全球数字贸易博览会"。

该高峰论坛还举办了数字经济高级别论坛,倡导坚持多边主义,完善全球治理,深化网络安全领域合作,推动建立多边、民主、透明的全球互联网治理体系。

今后,要从我国现实需求和发展需求出发,探索共建联合实验室和国际技术转移中心,有选择、有重点地参加国际大科学装置和科研基地等的建设和利用。结合当地条件,开展跨境光缆建设合作,构建安全便利的国际互联网数据专用通道和国际化数据信息专用通道,大幅缩短互联网通信时延,促进基础设施互联互通,为广泛开展数字经济合作提供基础保障。

第五章 怎样塑造数字经济创新思维

创新是繁荣之母,是推动发展的逻辑起点和引领发展的第一动力。创新思维是指打破固有理念和惯性思维、敢为人先、得出创造性结论的思维模式。坚持创新思维,需要因时制宜、破除陈规、开拓创新。不创新不行,创新慢了也不行。党的十八大以来,习近平总书记高度重视增强创新思维,多次在不同场合作出了重要论述,要求全党进一步提高创新思维能力,以思想认识的新飞跃打开工作的新局面。在推进马克思主义中国化时代化的进程中,中国共产党人始终坚持运用创新思维,坚持与时俱进,推动马克思主义基本原理同中国具体实际相结合、同中华优秀传统文化相结合,不断推进理论创新和实践发展。互联网因创新而生,因创新而兴,推动数字经济发展尤其需要创新思维,突破传统观念、固定观念和思维定式的束缚,以新视角、新思路,发现新问题、新规律,积累新知识、新方法,探求新办法、新观点,作出新谋划、新部署。《数字中国建设整体布局规划》指出,要构筑自立自强的数字技术创新体系:健全社会主义市场经济条件下关键核心技术攻关新型举国体制,加强企业主导的产学研深度融合;强化企业科技创新主体地位,发挥科技型骨干企业引领支撑作用;加强知识产权保护,健全知识产权转化收益分配机制。

数字经济创新思维方式根植于数字经济蓬勃发展的实践中。解决数字经济发展面临的突出问题,成为创新的起点和源泉动力。通过创新思维,把经验性的感性认识上升到理性思维的高度,透过包罗万象、错综复杂、瞬息万变的数字经济现象,把握数字经济的本质和内在规律,从而加深对数字经济全面认识。这种认识随着时间的推移而发生变化,并非一成不变、一劳永逸。需要进一步深刻认识创新以及创新思维的重要性,既大胆探索又脚踏实地,打破思维定式,主动求新求变,为有效解决数字经济蓬勃发展中出现的突出问题贡献力量。

第一节　凭靠创新思维激发干事动力

创新思维要求破除迷信、超越陈规,善于因时制宜、知难而进、开拓创新,具有突破性、主体性和复杂性等特征。创新思维作为唯物主义和辩证法的结合,是马克思主义的科学思维方式,是科学创造的前提和动力。创新思维充分吸收了我国优秀传统文化和现代科学的有益成分,实现了博采众长和兼收并蓄。时代发展和社会进步的需要,正是创新思维的巨大动力。党的二十大报告指出,紧跟时代步伐,顺应实践发展,以满腔热忱对待一切新生事物,不断拓展认识的广度和深度,敢于说前人没有说过的新话,敢于干前人没有干过的事情,以新的理论指导新的实践。遵循创新思维的本质要求,在新的历史条件下,惟创新者进,惟创新者强,惟创新者胜,真正推动创新成为引领发展的第一动力,运用创新思维破解数字经济发展中的难关与挑战显得尤为重要。

一、创新是推动人类社会进步的重要力量

纵观人类发展历史,创新始终是一个国家、一个民族发展的重要力量,始终是推动人类社会进步的重要力量。创新是旧事物的不断灭亡和新事物的不断生成。人类在不同的历史时期,正是以求新求变的活力冲破守成的暮气,通过创新活动不断地改造自然界和人类生活环境,加速推进生产关系和生产力不断提升,由此发展出璀璨的人类社会文明,开辟出人类认识的新领域。

发展是第一要务,创新是第一动力,是建设现代化经济体系的战略支撑。创新是高质量发展的最显著的特征,抓创新就是抓发展、谋创新就是谋未来。面对世界经济复杂的形势和风险挑战,需要进一步实施好创新驱动发展战略,构建持续有效的创新生态系统。如果不识变、不应变、不求变,就可能陷入战略被动,错失发展机遇,甚至错过整整一个时代。习近平总书记强

调,创新是一个民族进步的灵魂,是一个国家兴旺发达的不竭动力,也是中华民族最深沉的民族禀赋。全面建设社会主义现代化国家,实现第二个百年奋斗目标,创新是一个决定性因素。要增强创新意识、培养创新思维,展示锐意创新的勇气、敢为人先的锐气、蓬勃向上的朝气。勇于推进理论创新、实践创新、制度创新、文化创新以及各方面创新,通过革故鼎新不断开辟未来。当前,在加快推进中国式现代化的新征程上,只有持续把创新作为引领发展的第一动力,才能把高质量发展要求贯穿到经济社会发展各领域和全过程,努力实现更有效率、更加公平、更可持续、更为安全的发展。

二、创新思维体现对现存事物规定性的超越

创新思维具有突破性特征,具有突破性的创造力量,是把握客观事物发展内在规律、突破现有思维框架和行为定式的思维,是人类思想活动和实践活动所特有的现象。创新思维离不开客观实际,但也不能故步自封。在一个系统中,非平衡是有序之源。创新思维能够突破思维定式,大胆假设、小心求证,在求新、求异中产生质变,产生新的动力,在打破旧的平衡基础上,形成更高层次的平衡。习近平总书记强调,广大青年科技人才要树立科学精神、培养创新思维、挖掘创新潜能、提高创新能力,在继承前人的基础上不断超越。

创新思维以及在创新思维基础上产生的创新实践,体现了对现有事物规定性的超越。独特性是创新思维的主要标志和基

本特征,产生新颖的、独到的、有社会意义和经济效益的思维成果,成为创新思维出发点和落脚点。创新思维渗透在社会生活的各个领域,存在于改变自然、社会以及人自身的实践活动中,只有敢于创新、勇于变革,保持守正不守旧、尊古不复古的进取精神,才能突破经济社会发展的制约和瓶颈。

三、创新思维来源于实践又反作用于实践

创新思维是人类所独有的禀赋,具有主体性特征,属于认识的范畴,来源于实践又反作用于实践。实践是创新思维的现实基础,紧跟时代步伐,顺应实践发展,才能不断拓展创新思维的广度和深度。创新思维只有落到实践创新上,才能焕发更强大的生命力。人类实践是主体发挥能动性、释放创造性的活动,要坚持发挥主观能动性与尊重群众首创精神相统一。

思维创新与实践创新是一个无限往复的过程。创新思维处于问题和矛盾不断产生和解决的永恒过程中,思维水平总体上不断由低级向高级演化。创新思维不但反思既有实践,也展望未来实践,蕴藏着思维的创造性,具有深刻的思想内涵和时代内涵。正是由于实践效果对创新思维的证明或检验,才推动创新思维根据实践需要不断调适和完善,并赋予创新思维科学性。只有及早转入创新驱动发展轨道,把科技创新潜力更好释放出来,才能加快科技成果向现实生产力转化,推动科技和经济紧密结合,解决深层次的矛盾和问题,从根本上推动经济社会发展,全方位推进科技创新、企业创新、产品创新、市场创新、品牌创新。

四、创新思维以解决问题为目标

创新的过程就是发现问题、研究问题、解决问题的过程。创新,就要有强烈的创新意识,遇到问题自觉运用创新思维去开辟新思路、寻找新办法。问题是创新的起点,也是创新的动力源。能正确地提出问题,即为创新的第一步。缺乏问题意识,没有问题导向,创新创造都将成为无源之水、无本之木。

创新思维具有复杂性特征,以实践为基础,以发现、研究和解决复杂多样的问题为目标,是解决理论和实践问题的重要范式和工具。创新思维受益于既往的知识和经验,必须占有大量材料,掌握广博的知识。创新过程中,无论是提出问题与分析问题,还是提出假设与验证假设,都离不开厚实的知识沉淀和丰富经验积累。同时,创新思维也受到制度、科技、文化等外部因素的影响。在激烈的国际竞争中,惟创新者进,惟创新者强,惟创新者胜。改革开放以来,我国制定和实施了一系列与企业自主创新相关的法律法规,尤其加大对企业自主创新知识产权的保护,但在工业机器人等领域,仍存在突出的"卡脖子"问题,相关结构设计、材料等技术研发成为短板弱项。国家及时出台有针对性的扶持、鼓励政策后,创新思维与制度、科技等因素密切融合,共同推动工业机器人核心零部件的国产化工作取得长足发展。

运用创新思维提高解决实际问题能力,就要坚持守正与创新相统一,坚持批判性与建设性相统一,坚持问题导向与目标导向相统一,正确处理继承与创新的关系,敏锐地把握新时代特点和形势要求,聚焦发展面临的突出矛盾和问题,准确把握住创新的出发点,探索发展的客观规律,增强创新的新动能,找到解决问题的新途径新思路。其中,守正是创新的前提,守正才能不迷失方向、不犯颠覆性错误,创新才能把握时代、引领时代。

第二节 数字经济成为新经济

党的十八大以来,党中央高度重视发展数字经济,实施网络强国战略和国家大数据战略,拓展网络经济空间,支持基于互联网的各类创新,推动互联网、大数据、人工智能和实体经济深度融合,建设数字中国、智慧社会,坚持场景应用为牵引,推进数字技术、生产流程、应用场景和商业模式融合创新,推进数字产业化和产业数字化,打造具有国际竞争力的数字产业集群。2017年12月,习近平总书记强调,要深入实施工业互联网创新发展战略,系统推进工业互联网基础设施和数据资源管理体系建设,发挥数据的基础资源作用和创新引擎作用,加快形成以创新为主要引领和支撑的数字经济。随着电子商务蓬勃发展,移动支付广泛普及,在线学习、远程会议、网络购物等生产生活新方式加速推广。2023年政府工作报告提出,数字经济不断壮大,新产业新业态新模式增加值占国内生产总值的比重达到17%以上。当前,数字科技创新促进实体经济转型升级、实体经济发展需求牵引数字科技进步的融合发展新格局正在形成。2023年7月北京发布的《关于进一步推动首都高质量发展取得新突破的行动方案(2023—2025年)》提出,要促进数字新型消费。推动建立一批北京特色直播电商基地,鼓励电商平台在京设立研发中心、结算中心。鼓励企业依托人工智能等技术开发消费类电子产品、搭建虚拟现实数字生态,扩大在远程医疗、教育技术等场景的应用。激活科幻消费潜力,推广"中国科幻大会"等品牌活动矩阵,与影视、阅读、科普、研学、文旅等场景深度结合,建设全球科幻创意争相迸发的中心节点。

一、新在人工智能极限逼近人类智能

人工智能作为以不同程度自主性运行的基于机器的系统,能够为了特定的目标,产生诸如预测、建议或决策等的输出。人工智能在日常工作生活中的应用超乎想象,给经济社会发展带来显著影响。据欧盟有关机构预测,人工智能将为2030年的全球经济贡献12.8万亿欧元,使2035年的生产率提高40%。当前,北京市积极探索人工智能应用场景赋能与开放,依托本市优势场景资源,加强对政务服务、金融科技、科学研究等重点领域的数据挖掘,加快资本、技术、数据、算力、人才等要素汇聚,打造形成一批可复制、可推广的标杆型示范应用场景,促进人工智能创新链产业链资金链人才链深度融合,实现新技术迭代升级和新应用产业快速增长。与以往的人工智能不同,生成式人工智能可以因应各种任务,生成新的非结构化内容,从而提升客户体验,同时提高生产力水平。

ChatGPT(Chat Generative Pre-trained Transformer,聊天生成预训练语言转换器)可以打破语言和文化障碍,促进人类的跨界交流与合作,甚至改变人类的思维和认知方式,帮助人类更好地理解世界。2022年11月30日,可与人类深度会话的AI机器人ChatGPT,由美国人工智能OpenAI公司(微软投资)首次发布。AI机器人主要分为分析式和生成式两类,ChatGPT属于后者。2016年至今,在计算机视觉、自然语言处理、推荐系统等技术加持下,分析式AI机器人得到快速推广和应用,字节、商汤、亚马逊、特斯拉等公司从中受益很多,但生成式AI机器人的运用领域,虽然潜力巨大,但直到ChatGPT的出现,才算有了新的提升。ChatGPT通过学习和理解人类的语言来进行互动式对话,还能撰写文案、邮件、代码等,由此提高办公、学习效率。为应对竞争对手微软所引领的新计算浪潮,2023年2月,谷歌母公司Alphabet宣布将推出名为"Bard"的AI机器人,实现世界知识的广度与谷歌大型语言模型的力量、智慧和创造力紧密结合。人类社会运行产生的数据中,八成都是图片、音频、视频等非结构化数据,GPT-4通过多模态进化提供了图片数据处理的新方案,改进了模型算法架构和数据集,实现了对图片和文字的同步处理。2023年5月,微软宣布将GPT-4大模型嵌入Windows PC操作系统,微软正式宣布推出的Windows Copilot将成为一个集中式AI协作PC平台。Windows用户也可以像在Bing AI聊天中一样向它提问,Copilot将充当更高级和个性化的搜索工具,可以解答用户提出的简单或复杂问题,具有强大的学习能力和扩展性,Copilot 由此成为个人助理。可以说,GPT-4 本身并非终点,而是未来一系列更为强大的 AI 创新的起点。《超越想象的 GPT 医疗》一书中,向大家展现了一种可能出现的人—机相结合的关系范式。比尔·盖茨提出:AI 的发展就如同个人电脑的问世一样具有革命性意义。它将彻底改变我们的工作、学习、交流方式,甚至颠覆医疗保健行业。

　　ChatGPT 为各行业提供智能化的服务和解决方案,提高经济产业效益和生产效率,推进行业转型升级与创新发展。在 ChatGPT 推动全球人工智能行业深化发展的过程中,与数字经济发展有着密切联系的大语言模型(LLM, Large Language Model)受到广泛关注。大语言模型应用常态化将会降低算力消耗,促进更多场景的应用。尤其对大型科技公司来说,大语言模型可以助力公司吸引更多的用户、创造更多的价值。微软正将大语言模型整合到 Word、Outlook 等应用程序中。在我国,百度的文心一言大模型、阿里的通义千问大模型、腾讯的混元大模型、华为的盘古大模型,共同演绎了"万模大战"竞争格局。百度类似于 ChatGPT 的项目"文心一言"(ERNIE Bot),定位于引领搜索体验的代际变革,展示了强大的人工智能研发能力,受到广泛关注。文心一言在数据可控、框架可控、模型可控上做了大量工作,体现了高水平的科技自立自强,并赋能多个行业,助力中国经济实现跨越式发展。可以说,大模型正深度融合到实体经济当中,正在深刻改变着整个世界。

ChatGPT 正对金融业产生更加广泛和深入的影响。客户服务成为 ChatGPT 最能快速发挥作用和效果的应用场景之一。与人工客服比较,ChatGPT 知识面更广,反应速度更快,有助于快速提升金融机构产品的数字化营销能力。在金融风险管理领域,ChatGPT 胜任对内部控制和风险管理制度执行情况的监测工作,准确评估关键岗位人员的风险管理能力和水平,科学、准确、快速处理信息披露涉及的大量数据和信息。在建立和运用、检验风险模型的过程中,需要综合运用风险评估、数据收集、数学建模、模型验证等多个方面的知识和技能,ChatGPT 的加入,进一步提升了风险模型的科学性。在证券投资和家庭资产管理领域,ChatGPT 可以帮助提高投资组合的收益和风险控制能力,进一步提升金融服务的效率。

我国已采取有效措施,鼓励生成式人工智能创新发展。具体包括:一是明确鼓励生成式人工智能技术在各行业、各领域的创新应用,生成积极健康、向上向善的优质内容,探索优化应用场景,构建应用生态体系。二是支持行业组织、企业、教育和科研机构、公共文化机构、有关专业机构等在生成式人工智能技术创新、数据资源建设、转化应用、风险防范等方面开展协作。三是鼓励生成式人工智能算法、框架、芯片及配套软件平台等基础技术的自主创新,平等互利开展国际交流与合作,参与生成式人工智能相关国际规则制定。四是提出推动生成式人工智能基础设施和公共训练数据资源平台建设。促进算力资源协同共享,提升算力资源利用效能。推动公共数据分类分级有序开放,扩展高质量的公共训练数据资源。鼓励采用安全可信的芯片、软件、工具、算力和数据资源。

北京市积极探索人工智能应用场景赋能与开放。为贯彻落实国家发展新一代人工智能的决策部署,高水平建设北京国家新一代人工智能创新发展试验区和国家人工智能创新应用先导区,加快建设具有全球影响力的人工智能创新策源地,有力支撑北京国际科技创新中心建设,2023 年 5 月发布《北京市加快建设具有全球影响力的人工智能创新策源地实施方案(2023—2025 年)》。方案提出,到 2025 年,本市人工智能技术创新与产业发展进入新阶段,基础理论研究取得突破,原始创新成果影响力不断提升;关键核心技术基本实现自主可控,其中部分技术与应用研究达到世界先进水平;人工智能产业规模持续提升,形成具有国际竞争力和技术主导权的产业集群;人工智能高水平应用深度赋能实体经济,促进经济高质量发展;人工智能创新要素高效配置,创新生态更加活跃开放,基本建成具有全球影响力的人工智能创新策源地。分为五个方面:布局一批前沿方向,技术创新实现新引领;推动一批国产替代,技术攻坚取得新突破;构建一批产业方阵,产业能级完成新跃升;塑造一批示范标杆,场景赋能驱动新应用;营造一流创新环境,生态构建形成新成效。围绕上述五个方面,方案提出"核心产业规模达到 3000 亿元,持续保持 10%以上增长,辐射产业规模超过 1 万亿元"等具体工作目标。《北京市促进通用人工智能创新发展的若干措施》相应提出了具体措施。一是推动在政务服务领域示范应用。围绕政务咨询、政策服务、接诉即办、政务办事等工作,利用人工智能在语义理解、自主学习和智能推理等方面的能力优势,提高政务咨询系统智能问答水平,增强"京策"平台规范管理和精准服务能力,辅助市民服务热线高效回应市民诉求,推进政务办事精准指引和高效审批。二是探索在医疗领域示范应用。支持有条件的研究型医疗机构提炼智能导诊、辅助诊断、智能治疗等场景需求,充分挖掘医学文献、医学知识图谱、医学影像、生物学指标等多模态医疗数据,会同人工智能创新主体开发智能应用,实现对症状、体征和专病的精准识别与预测,提升疾病诊断、治疗、预防及全病程管理的智能化水平。三是探索在科学研究领域示范应用。发展科学智能,加速人工智能技术赋能新材料和创新药物领域科学研究。支持能源、材料、生物领域相关实验室设立科研合作专项,与人工智能创新主体开展联合研发,充分挖掘材料、蛋白质和分子药物领域实验数据,研发科学计算模型,开展新型合金材料、蛋白质序列和创新药物化学结构序列预测,缩短科研实验周期。四是推动在金融领域示范应用。系统布局"揭榜挂帅"项目,推动金融机构进一步开放行业应用场景;支持金融科技创新主体聚焦智能风控、智能投顾、智能客服等环节,研发金融专业长文本精准解析建模技术、复杂决策逻辑与模型信息处理融合技术,支撑金融领域投资辅助决策。五是探索在自动驾驶领域示范应用。支持自动驾驶创新主体研发多模态融合感知技术,基于车路协同数据和车辆行驶多传感器融合数据,提高自动驾驶模型多维感知预测性能,有效解决复杂场景长尾问题,辅助提高车载自动驾驶模型泛化能力。支持在北京市高级别自动驾驶示范区 3.0 项目建设中,开放车路协同自动驾驶数据集。开展基于低时延通讯的云控自动驾驶模型测试,探索自动驾驶新技术路径。六是推动在城市治理领域示范应用。支持人工智能创新主体结合智慧城市建设场景需求,率先在城市大脑建设中应用大模型技术,加快多维感知系统融合处理技术研发,实现智慧城市底层业务的统一感知、关联分析和态势预测,为城市治理决策提供更加综合全面的支撑。

2023 年 7 月,北京发布的《关于进一步推动首都高质量发展取得新突破的行动方案(2023—2025 年)》提出,要抢抓人工智能产业发展机遇。支持创新主体重点突破人工智能前沿基础理论及关键核心技术。加快培育人工智能产业方阵,持续构建人工智能产业生态,鼓励软件企业基于大模型开发打造新产品。推动大模型赋能智慧城市、金融、自动驾驶等重点领域发展,组织商用场景对接。基本建成具有全球影响力的人工智能创新策源地。同时,要推动机器人产业创新发展。加紧布局人形机器人整机,组建北京市人形机器人产业创新中心,分类推进医疗健康、协作、特种、物流机器人,组织实施"百种应用场景示范工程",推动机器人创新产品应用示范和系统集成模式推广。2023 年 5 月,上海出台的《上海市加大力度支持民间投资发展若干政策措施》,强调要充分发挥人工智能创新发展专项等引导作用,支持民营企业广泛参与数据、算力等人工智能基础设施建设。2023 年 5 月,深圳发布的《深圳市加快推动人工智能高质量发展高水平应用行动方案(2023—2024年)》提出,要推进"千行百业+AI":实施人工智能软件应用示范扶持计划,鼓励金融、商务、工业、交通等行业企业基于人工智能技术对现有生产、服务和管理方式进行升级;推动人工智能在设备故障检测和故障诊断、基于视觉的表面缺陷检测、智能分拣等制造业领域的应用;加强制造业数据的采集、利用、开发,探索建立企业数据"标注+训练"闭环机制,储备高质量数据集,孵化高度智能化的生产机器人;加快推进低空智能融合基础设施项目建设,推动低空经济产业创新发展。北京和上海正在推进的人工智能和其他领域的融合应用方向和措施,体现了动态性和开放性。

二、新在智慧城市和数字乡村互促共进

城市和农村不是二元对立的。经济发展进程中,农村支援城市、城市反哺农村的经验做法,体现了城市和农村的融合发展、协调发展规律。智慧城市与数字乡村的融合和协同,则是数字经济时代两者互促共进的必然趋势。数字乡村作为网络化、信息化和数字化在乡村的应用,已经成为乡村振兴、数字中国建设的重要课题。补齐农业农村数字化短板,让农民共享数字经济发展红利,既是乡村振兴的战略方向,也是建设数字中国的重要内容。

农业生产规模小、劳动力成本大、劳动生产率低、组织化程度低,倒逼乡村地区加强乡村信息基础设施建设,推进农业生产

装备数字化,发展乡村数字经济新业态,建设农业农村大数据体系,提升乡村数字化治理水平。这一过程中,有效应对如何及时完整收集有效数据,小农生产模式如何对接线上消费市场,如何打破多个部门信息平台各自为战、数据无法互联互通格局,如何定期维护设备、升级系统等问题,已经成为当前的紧迫任务。要深入实施数字乡村发展行动,以数字化赋能乡村产业发展、乡村建设和乡村治理。

已经成熟应用于智慧城市领域的数字科技正转化为为乡村振兴服务,为乡村振兴和农村现代化建设提供数字动能。借鉴智慧城市建设经验,加快实现农产品供应链的数字化,实现生产、仓储、加工、销售全产业链上云,解决农产品质量安全追溯等问题,助力实现资源节约、产出高效、环境友好、产品安全;积极推动大数据、人工智能、区块链、物联网等信息技术应用,有效破解"三农"金融服务融资难、成本高等难点。中国电子信息产业集团有限公司以智慧赋能助推乡村治理实现扁平化为中心,围绕治理方式扁平化、联系群众零距离、激活社会微细胞、智慧赋能高效率这一主线,立足政策宣传、防汛救灾、返贫监测、矛盾调处、治安联防、护林防火、风险防控、秦岭保护等八个重点领域,充分运用大数据、视联网等科技,建成了陕西镇安县党建引领基层社会治理"1844"智慧平台。该平台全面采用移动端电子化方式进行入户采集,直接实时上报数据,通过知识库,运用大数据对比核查等方式,确保采集数据真实准确、有效及时。同时,借助 GIS 地理信息系统,精准定位片长、智能化管控片长。通过治理信息整合,实现了相关行业部门数据的融合汇集,改变了各自为战、单打独斗的局面,有力提升了基层社会治理智能化水平。

国家电投以数字化赋能用户侧综合智慧能源产业发展的天枢一号智慧系统,横向贯通源、网、荷、储,全域物联场景,纵向融合"云大物移智链"先进技术,拥有 800 个以上核心智能算法,具备百万级并发、千万级计算能力,构建了服务用户需求的全谱系应用。国家电投在安徽小岗村、河南兰考县、浙江安吉县等县域乡村建设了一批以天枢一号智慧系统为主线的示范项目,可以对项目平均节能率提升 33% 以上,综合能源利用效率提升至75% 以上。

从数字乡村的发展趋势看,计算机正成为农业生产的重要工具,农业大数据资源正成为辅助决策的重要参考,农业设施装备的数字化改造正加快推进。

三、新在金融科技创新加速演进

数字技术与千行百业融合向纵深拓展。新兴技术手段与金融业深度融合,加速了"以数促实"和"数实融合"。金融业在数字化转型道路上加速科技自主创新,与实体经济数字化互动与融合,聚焦数据治理、智能服务、风险防控、重构价值体系等领域和环节,全面提升产品定价、资源配置、数据安全和风险管理能力,创造更多的场景需求,服务实体经济更好发展。

香港不仅在发展数字文化产业、数字娱乐和数字旅游等方面具备独特优势,而且作为国际金融中心和创新科技枢纽,拥有世界一流的金融和法律体系。金融科技的应用与创新,在香港得到有力的金融和法律支持。同时香港依托作为特别行政区的特有国际合作优势,积极参与全球金融科技创新的合作与竞争,在数字经济领域与国际市场保持着广泛的联系,由此吸引了众多高科技和金融科技企业的发展。

四、新在推动"地球村"交往更加频繁便利

2022 年 9 月,拼多多正式在北美地区上线电商全球化业务 Temu,运用与国内相仿的性价比优势和低价促销策略(平台与商家共同压缩成本,提高消费者的性价比和购物体验),陆续推动上万户商家直连北美等全球市场。在此基础上,Temu 鼓励商家从美国出发,拓展全球商机,力求实现"一店卖全球",尝试将商家的商品同步到平台在全球开设的各个站点。在加拿大站开设之后,已陆续在英国、德国、荷兰、法国、意大利、西班牙等国家设立站点。特别是利用西班牙的贸易枢纽地位,Temu 有望提高向南美洲西班牙语系国家扩展业务的能力。借助日益庞大的流量和物美价廉的口碑,Temu 已经成为国际贸易领域最受瞩目的平台。

第三节　数字经济需要新设施

新型基础设施是以新发展理念为引领,以技术创新为驱动,

以信息网络为基础,面向高质量发展需要,提供数字转型、智能升级、融合创新等服务的基础设施体系。加快推动新型基础设施建设,是未来 15 年全面建设社会主义现代化国家的重要发力点。《数字中国建设整体布局规划》指出,要打通数字基础设施大动脉。加快 5G 网络与千兆光网协同建设,深入推进 IPv6 规模部署和应用,推进移动物联网全面发展,大力推进北斗规模应用。系统优化算力基础设施布局,促进东西部算力高效互补和协同联动,引导通用数据中心、超算中心、智能计算中心、边缘数据中心等合理梯次布局。整体提升应用基础设施水平,加强传统基础设施数字化、智能化改造。

新型基础设施以整体优化、协同融合为导向,稳步推进,取得非凡成效。从全球看,多国掀起 5G 建设热潮;从国内看,工业互联网、车联网、远程医疗等广泛领域正在加快 5G 商用进程,基础电信企业正在建设覆盖全国所有地市的高质量外网。2022 年工业互联网核心产业规模超 1.2 万亿元,同比增长 15.5%。推进新型基础设施建设也面临突出矛盾和问题,由于缺乏总体性的新型基础设施的统筹规划和顶层设计,新型基础设施的可及性不足,应用场景有待开发,投融资机制有待完善,安全运行的防护压力持续加大。

北京市 2023 年 5 月出台的《加快建设具有全球影响力的人工智能创新策源地实施方案(2023—2025 年)》《促进通用人工智能创新发展的若干措施》,从数据、算力和模型等维度,围绕人工智能领域的新设施提出了具体努力方向和要求。

一、提升高质量数据要素供给能力

一是归集高质量基础训练数据集。组织有关机构整合、清洗中文预训练数据,形成安全合规的开放基础训练数据集;持续扩展多模态数据来源,建设高质量的文字、图片、音频、视频等大模型预训练语料库,支持在依法设立的数据交易机构开展数据流通、交易。二是谋划建设数据训练基地。加快建设数据基础制度先行先试示范区,探索打造数据训练基地,推动数据要素高水平开放,提升人工智能数据标注库规模和质量。鼓励开展内容信息服务的互联网平台提供高质量语料数据,供创新主体申请使用。探索基于数据贡献、模型应用的商业化场景合作。三是搭建数据集精细化标注众包服务平台。以众包服务方式,建设数据集精细化标注平台,开发智能云服务系统,集成相关工具应用。鼓励并组织来自不同学科的专业人员参与标注多模态训练数据及指令数据,提高数据集质量。研究平台激励机制,推动平台持续良性发展。

二、提升算力资源统筹供给能力

算力基础设施是新型信息基础设施的重要组成部分,呈现多元泛在、智能敏捷、安全可靠、绿色低碳等特征,对于助推产业转型升级、赋能科技创新进步、满足人民美好生活需要和实现社会高效能治理具有重要意义。2023 年 10 月,工业和信息化部、中央网络安全和信息化委员会办公室、教育部、国家卫生健康委员会、中国人民银行、国务院国有资产监督管理委员会等 6 部门印发的《算力基础设施高质量发展行动计划》提出,到 2025 年,计算力方面,算力规模超过 300 EFLOPS(1EFLOPS 等于百亿亿次,即每秒一百京(＝10^18)次的浮点运算),智能算力占比达到 35%,东西部算力平衡协调发展。构建"云边端"协同、"算存运"融合的一体化算力基础设施体系,需要多措并举。一是组织商业算力满足紧迫需求。着力发挥本市算力资源优势,实施算力伙伴计划,通过与云厂商加强合作,加快归集现有算力,明确供给技术标准、软硬件服务要求、算力供给规模和支持措施,为创新主体提供多元化优质普惠算力,保障人工智能技术创新和产品研发算力需求。二是高效推动新增算力基础设施建设。将新增算力建设项目纳入算力伙伴计划,加快推动海淀区、朝阳区建设北京人工智能公共算力中心、北京数字经济算力中心,形成规模化先进算力供给能力,支撑千亿级参数量的大型语言模型、大型视觉模型、多模态大模型、科学计算大模型、大规模精细神经网络模拟仿真模型、脑启发神经网络等研发。三是建设统一的多云算力调度平台。针对弹性算力需求,通过建设多云算力调度平台,实现异构算力环境统一管理、统一运营,便利创新主体在不同云环境上无缝、经济、高效地运行各类人工智能计算任务。进一步优化与周边区域算力集群的直连基础光传输网络,提高区域算力一体化调度能力。

2023 年 5 月,深圳发布的《深圳市加快推动人工智能高质量发展高水平应用行动方案(2023—2024 年)》指出,要整合深圳市算力资源,建设城市级算力统筹调度平台,实现"算力一网化、统筹一体化、调度一站式",全市可统筹的公共智能算力及相关网络带宽保持国内领先水平。积极有序集聚政府、企业、科研机构、高校等的智能算力资源,与周边城市加强智能算力合作,谋划共建粤港澳大湾区智能算力统筹调度平台。此外,2023年底前启动建设鹏城云脑Ⅲ项目,加快实施"智能算力网络关键技术体系研究及验证"项目。

三、系统构建大模型等通用人工智能技术体系

《北京市机器人产业创新发展行动方案(2023—2025年)》提出了强化人工智能大模型支撑的系列措施。比如,开发并持续完善机器人通用人工智能大模型,挖掘应用场景资源,为模型预训练提供多样化场景数据支持,提高模型通用性和实用性;突破大模型多模数据融合关键技术,研发图像、文本、语音及力、热、电、磁等多模传感数据融合处理的大模型系统;针对各类机器人技术和应用场景特征,开发大模型高效微调算法,推动大模型在机器人领域的深化应用;建设模型优化算法开源平台,打造全行业广泛参与、互动优化的大模型生态,推动模型性能迭代提升。从更广泛的视角看,大模型等通用人工智能技术体系仍有巨大的发展潜力。

一是开展大模型创新算法及关键技术研究。围绕模型构建、训练、调优对齐、推理部署等环节,积极探索基础模型架构创新,研究大模型高效并行训练技术和认知推理、指令学习、人类

意图对齐等调优方法,研发支持百亿参数模型推理的高效压缩和端侧部署技术,形成完整高效的技术体系,鼓励开源技术生态建设。二是加强大模型训练数据采集及治理工具研发。围绕训练数据"采、存、管、研、用"等环节,研究互联网数据全量实时更新技术、多源异构数据整合与分类方法,构建数据管理平台相关系统,研发数据清洗、标注、分类、注释及内容审查等算法及工具。三是建设大模型评测开放服务平台。鼓励第三方非盈利机构构建多模态多维度的基础模型评测基准及评测方法;研究人工智能辅助的模型评测算法,开发包括通用性、高效性、智能性、鲁棒性在内的多维度基础模型评测工具集;建设大模型评测开放服务平台,建立公平高效的自适应评测体系,根据不同目标和任务,实现大模型自动适配评测。四是构建大模型基础软硬件体系。支持研发大模型分布式训练系统,实现训练任务高效自动并行。研发适用于模型训练场景的新一代人工智能编译器,实现算子自动生成和自动优化。推动人工智能训练推理芯片与框架模型的广泛适配,研发人工智能芯片评测系统,实现基础软硬件自动化评测。五是探索通用人工智能新路径。发展面向通用人工智能的基础理论体系,加强人工智能数学机理、自主协同与决策等基础理论研究,探索通用智能体、具身智能和类脑智能等通用人工智能新路径。支持价值与因果驱动的通用智能体研究,打造统一理论框架体系、评级标准及测试平台,研发操作系统和编程语言,推动通用智能体底层技术架构应用。推动具身智能系统研究及应用,突破机器人在开放环境、泛化场景、连续任务等复杂条件下的感知、认知、决策技术。支持探索类脑智能,研究大脑神经元的连接模式、编码机制、信息处理等核心技术,启发新型人工神经网络模型建模和训练方法。

四、系统推进工业互联网创新发展

数字技术加速向各行业各领域深度融合,融合重点从消费服务领域正转向生产制造领域,使工业互联网成为推动经济转型升级和创新发展的重要引擎。工业互联网作为新型工业化的战略性基础设施,已经成为数字经济和实体经济深度融合的关键底座。在制造强国、网络强国建设征程上,在提升产业链现代化水平、增强供应链韧性和安全性过程中,工业互联网是不可或缺的一部分。兼容的工业互联网基础设施,有利于推动企业、人、设备、物品之间的互联互通。《国务院关于深化"互联网+先进制造业"发展工业互联网的指导意见》印发以来,在各方共同努力下,我国工业互联网发展成效显著,2018—2020 年起步期的行动计划全部完成,部分重点任务和工程超预期,网络基础、平台中枢、数据要素、安全保障作用进一步显现。2021—2023年是我国工业互联网的快速成长期。工业互联网规模化应用成为发展主基调,已拓展至我国 45 个国民经济大类。越来越多的中小企业则通过"上云"的方式便捷部署工业互联网,不同领域的企业之间还通过更加紧密的合作创造出更多创新成果,并逐渐形成一批可复制、可推广的案例。

立足构建适应高质量发展需要的互联互通网络环境,全面推动全覆盖、智能化的工业互联网基础设施建设,完善工业互联网技术体系、标准体系、应用体系和安全体系,重点支持引领性、颠覆性技术研发,全方位深化融合发展,持续拓展应用场景开发。2023年是《工业互联网创新发展行动计划(2021—2023年)》收官之年,该行动计划提出如下十一项重点任务和行动。一是实施网络体系强基行动,包括:加快工业设备网络化改造,推进企业内网升级,开展企业外网建设,深化"5G+工业互联网",构建工业互联网网络地图。二是实施标识解析增强行动,包括:完善标识解析体系建设,加速标识规模应用推广,强化标识生态支撑培育。三是实施平台体系壮大行动,包括:滚动遴选跨行业跨领域综合型工业互联网平台,建设面向重点行业和区域的特色型工业互联网平台,发展面向特定技术领域的专业型工业互联网平台,提升平台技术供给质量,加快工业设备和业务系统上云上平台,提升平台应用服务水平。四是实施数据汇聚赋能行动,包括:推动工业互联网大数据中心建设,打造工业互联网大数据中心综合服务能力,培育高质量工业APP,推动平台间数据互联互通,持续深化"工业互联网+安全生产"。五是实施新型模式培育行动,包括:发展智能化制造,加强网络化协同,加快设备系统的互联互通和工业数据的集成共享,推广个性化定制,拓展服务化延伸,实施数字化管理。六是实施融通应用深化行动,包括:加强大中小企业融通发展,加快一二三产业融通发展。七是实施关键标准建设行动,包括:强化工作机制,充分发挥国家工业互联网标准协调推进组、总体组、专家咨询组作用,系统推进工业互联网标准规划体系研究及相关政策措施落实,加强跨部门、跨行业、跨领域标准化重要事项的统筹协同;完善标准体系,结合 5G、边缘计算、人工智能等新技术应用和产业发展趋势,完善工业互联网标准体系,明确标准化重点领域和方向,指导标准化工作分领域推进实施;研制关键标准,加快基础共性、关键技术、典型应用等产业亟须标准研制,强化工业互联网知识产权保护和运用,推广实施《专利导航指南》系列国家标准(GB/T39551—2020),提升行业知识产权服务能力,推动工业互联网知识产权数量、质量同步提升;加强国际合作,积极参与国际电信联盟(ITU)、国际标准化组织(ISO)、国际电工技术委员会(IEC)等国际组织活动及国际标准研制,加强与国际产业推进组织的技术交流与标准化合作,促进标准应用共享。八是实施技术能力提升行动,包括:强化基础技术支撑,突破新型关键技术与产品,以新技术带动工业短板提升突破。九是实施产业协同发展行动,包括:培育领先企业,强化主体协作,开展产业示范基地建设,建设平台应用创新推广中心,建设工业互联网示范区。十是实施安全保障强化行动,包括:依法落实企业网络安全主体责任,加强网络安全供给创新突破,促进网络安全产业发展壮大,强化网络安全技术保障能力。十一是实施开放合作深化行动,包括:营造开放多元包容的发展环境,全面推动多领域、深层次国际合作。

第四节　数字经济呼唤新监管

数字经济涵盖的范围和主体不断增加,提升了数字经济监管的复杂性。互联网平台企业、科技公司在自身发展战略、与监管方沟通等方面,仍处于摸索阶段,缺乏成熟、一致的思路和举措。共享单车、网上租车、无人驾驶等领域的平台企业承担了部分公共职能,提供了公共服务,但也引致政策缺位、监管缺失等治理难题,凸显政府应对新经济形态的治理能力不足,对既有的政府监管方式和能力带来挑战,长远看不利于行业的持续健康发展。

要建立完善政府、平台、企业、行业组织和社会公众多元参与、有效协同的数字经济治理新格局,形成治理合力,鼓励良性竞争,维护公平有效市场;加快建立全方位、多层次、立体化监管体系,加强跨部门、跨区域分工协作,探索开展跨场景跨业务跨部门联合监管,创新基于新技术手段的监管模式,实现事前事中事后全链条全领域监管,提升监管的开放、透明、法治水平,有效打击数字经济领域违法犯罪行为。进一步深刻认识创新以及创新思维的重要性,打破思维定式,主动求新求变,为有效解决数字经济在快速发展中出现的突出问题贡献力量。

一、规范深度合成技术和服务

随着生成式人工智能技术的快速发展,为经济社会发展带来新机遇的同时,也产生了传播虚假信息、侵害个人信息权益、数据安全和偏见歧视等问题。以 ChatGPT 所代表的新技术不断面世,带来了便利,也容易被滥用,不能忽略其双刃剑效应。深度合成技术快速发展,在服务用户需求、改进用户体验的同时,也被一些不法人员用于制作、复制、发布、传播违法和不良信息,诋毁、贬损他人名誉、荣誉,仿冒他人身份实施诈骗等,影响传播秩序和社会秩序,损害人民群众合法权益,危害国家安全和社会稳定。比如,骗子利用 AI 换脸和拟声技术,佯装好友通过微信视频实施诈骗;换脸直播用于公开传播、助力引流卖货,涉嫌欺诈或是虚假宣传,如果货品质量不好,或者导致公众对被换脸的明星产生负面评价,则侵犯相关明星艺人肖像权。2023 年初,由总部位于荷兰的开源调查媒体"响铃猫"网站的创办人艾略特·希金斯利用人工智能驱动的图像生成技术生成的美国"特朗普被捕"虚假图片,一时充斥社交媒体,严重混淆了事实。合成图像真假难辨、混淆视听,以及该领域相关技术的飞速进步,值得关注。

面对花样翻新的 AI 诈骗,必须提升监管能力水平,保持防范意识,因势利导,趋利避害,防范化解安全风险。随着制度设计更加精准,相关立法更加健全,深度合成技术带来的风险正在得到积极防范和化解。在我国,通过《互联网信息服务深度合成管理规定》《互联网信息服务算法推荐管理规定》《生成式人工智能服务管理暂行办法》等相互衔接的法规,实现对人工智能领域的监管和治理。为规范人工智能发展,加强互联网信息服务深度合成管理,弘扬社会主义核心价值观,维护国家安全和社会公共利益,保护公民、法人和其他组织的合法权益,2022 年12 月,我国《互联网信息服务深度合成管理规定》正式发布。该规定明确了深度合成数据和技术管理规范。要求深度合成服务提供者和技术支持者加强训练数据管理和技术管理,保障数据安全,不得非法处理个人信息,定期审核、评估、验证算法机制机理。深度合成服务提供者对使用其服务生成或编辑的信息内容,应当添加不影响使用的标识。提供智能对话、合成人声、人脸生成、沉浸式拟真场景等生成或者显著改变信息内容功能服务的,应当进行显著标识,避免公众混淆或者误认。要求任何组织和个人不得采用技术手段删除、篡改、隐匿相关标识。上述规定还明确了深度合成服务的一般规定。强调不得利用深度合成服务从事法律、行政法规禁止的活动。要求深度合成服务提供者落实信息安全主体责任,建立健全管理制度和技术保障措施,制定公开管理规则、平台公约,对使用者进行真实身份信息认证,加强深度合成内容管理,建立健全辟谣机制和申诉、投诉、举报机制。明确应用程序分发平台应当落实安全管理责任,核验深度合成类应用程序相关情况。

为了促进生成式人工智能健康发展和规范应用,维护国家安全和社会公共利益,保护公民、法人和其他组织的合法权益,国家网信办联合国家发展改革委等部门公布《生成式人工智能服务管理暂行办法》(自2023年8月15日起施行),规定生成式人工智能服务的基本规范。在监管方式上,提出对生成式人工智能服务实行包容审慎和分类分级监管,要求国家有关主管部门针对生成式人工智能技术特点及其在有关行业和领域的服务应用,完善与创新发展相适应的科学监管方式,制定相应的分类分级监管规则或者指引。该暂行办法明确提供和使用生成式人工智能服务遵守以下规定:坚持社会主义核心价值观,不得生成煽动颠覆国家政权、推翻社会主义制度,危害国家安全和利益、损害国家形象,煽动分裂国家、破坏国家统一和社会稳定,宣扬恐怖主义、极端主义,宣扬民族仇恨、民族歧视,暴力、淫秽色情,以及虚假有害信息等法律、行政法规禁止的内容;在算法设计、训练数据选择、模型生成和优化、提供服务等过程中,采取有效措施防止产生民族、信仰、国别、地域、性别、年龄、职业、健康等歧视;尊重知识产权、商业道德,保守商业秘密,不得利用算法、数据、平台等优势,实施垄断和不正当竞争行为;尊重他人合法权益,不得危害他人身心健康,不得侵害他人肖像权、名誉权、荣誉权、隐私权和个人信息权益;基于服务类型特点,采取有效措施,提升生成式人工智能服务的透明度,提高生成内容的准确性和可靠性。

2023年5月,外交部在其发布的《中国关于全球数字治理有关问题的立场》中,就人工智能治理的突出问题提出如下具体建议:一是各国应在普遍参与的基础上,通过对话与合作,推动形成具有广泛共识的国际人工智能治理框架和标准规范,确保人工智能安全、可靠、可控,更好赋能全球可持续发展。各国应坚持"以人为本"和"智能向善"理念,反对利用人工智能危害他国主权和领土安全的行为,反对以意识形态划线、构建排他性集团、恶意阻挠他国技术发展的行为,确保各国充分享有技术发展与和平利用权利,共享人工智能技术惠益。二是各国应坚持伦理先行,建立并完善人工智能伦理准则、规范及问责机制,明确人工智能相关主体的职责和权力边界,充分尊重并保障各群体合法权益。各国应立足自身人工智能发展阶段及社会文化特点,逐步建立符合自身国情的科技伦理审查和监管制度,加强人工智能安全评估和管控能力,建立有效的风险预警机制,采取敏捷治理,分类分级管理,不断提升风险管控和处置能力。三是各国应要求研发主体加强对人工智能研发活动的自我约束,避免使用可能产生严重消极后果的不成熟技术,确保人工智能始终处于人类控制之下。各国应要求研发主体努力确保人工智能研发过程的算法安全可控,不断提升透明性、可解释性、可靠性,逐步实现可审核、可监督、可追溯、可预测、可信赖;努力提升人工智能研发过程的数据质量,提升数据的完整性、及时性、一致性、规范性和准确性等。各国应要求研发主体充分考虑差异化诉求,避免可能存在的数据采集与算法偏见,努力实现人工智能系统的普惠性、公平性和非歧视性。四是各国应禁止使用违背法律法规、伦理道德和标准规范的人工智能技术及相关应用,强化对已使用的人工智能产品与服务的质量监测和使用评估,研究制定应急机制和损失补偿措施。各国应加强人工智能产品与服务使用前的论证和评估,推动人工智能培训机制化,确保相关人员具备必要的专业素质与技能。各国应保障人工智能产品与服务使用中的个人隐私与数据安全,严格遵循国际或区域性规范处理个人信息,反对非法收集利用个人信息。

为了防范生成式人工智能技术面临的风险与挑战,从而推动人工智能技术向善发展,真正实现其价值和作用,在南方都市报、清华大学人工智能国际治理研究院主办的 2023 世界人工智能大会"人工智能创新与治理"分论坛上,南方都市报联合近 40 位专家学者、社会人士共同发布《生成式 AI 伦理与治理倡议书》。该倡议书提出确保安全、客观公正、信息披露、尊重自主、可问责可追溯、人工把关和敏捷治理等七大原则,并发出七个方面的倡议,比如,在生成式 AI 模型训练时,加强个人信息保护法律和伦理意识,不使用没有明确合法来源,或未经用户授权同意的个人信息,包括个人基因、指纹、声纹、掌纹、耳廓、虹膜、面部识别特征等生物识别信息,尤其重视对未成年人的个人生物特征识别信息的保护并依法依规确立使用机制;用户应逐渐提高个人在生成式 AI 领域的算法素养,即能"意识到算法在网络平台和服务中的使用,了解算法的工作原理和使用技能",用良好的数字行为促进算法向善。

为了防范生成式人工智能各种形式的滥用行为,在推动人工智能发展创新、打造世界级经济体的同时,保障公民基本权利和安全,确保数字主权、技术主权,欧盟致力于出台一个统一、横向的人工智能法律框架。2018 年 3 月,欧洲政治战略中心发布《人工智能时代:确立以人为本的欧洲战略》,阐释了欧盟在人工智能领域的内外部挑战和应对策略。报告认为,欧盟虽然有潜力在人工智能领域取得全球领先地位,但与中国、美国等比较,在人工智能技术、海量数据管理、商业应用前景等环节,仍存在一定差距,并缺少全球性的大型跨国人工智能企业。2021 年 4 月,欧盟委员会正式提出《关于制定人工智能统一规则》(以下简称《人工智能法案》)。2022 年 12 月,欧盟理事会就《人工智能法案》达成一致立场。《人工智能法案》有望成为全球首部有关人工智能的法规,并引导世界人工智能产业发展生态和人工智能监管走向。该法案基于风险识别的方法,针对不同类型的人工智能系统制定不同的监管措施,如严格约束高风险人工智能系统,明确通用型人工智能系统提供者的义务,禁止侵入性和歧视性地使用人工智能系统,厘清产业链各主体责任分配等。欧盟在人工智能领域探索制定统一、完整的监管框架方面有诸多进步和进展,但在如何精准聚焦监管对象、如何规避过度监管、如何应对人工智能产业发展的快速变化,仍需要有关方面予以持续研究、讨论。

二、工业领域数据安全体系建设

2023 年 5 月工业和信息化部科技司公布的《工业领域数据安全标准体系建设指南(2023 版)》(征求意见稿)提出,建设目标是到 2024 年,初步建立工业领域数据安全标准体系,有效落实数据安全管理要求,基本满足工业领域数据安全需要,推进标准在重点行业、重点企业中的应用,研制数据安全国家、行业或团体标准30项以上;到2026年,形成较为完备的工业领域数据安全标准体系,全面落实数据安全相关法律法规和政策制度要求,标准的技术水平、应用效果和国际化程度显著提高,基础性、规范性、引领性作用凸显,贯标工作全面开展,有力支撑工业领域数据安全重点工作,研制数据安全国家、行业或团体标准100项以上。

三、构建数据安全合规有序跨境流通新机制

开展数据交互、业务互通、监管互认、服务共享等方面国际交流合作,推进跨境数字贸易基础设施建设,以《全球数据安全倡议》为基础,积极参与数据流动、数据安全、认证评估、数字货币等国际规则和数字技术标准制定。坚持开放发展,推动数据跨境双向有序流动,鼓励国内外企业及组织依法依规开展数据跨境流动业务合作,支持外资依法依规进入开放领域,推动形成公平竞争的国际化市场。针对跨境电商、跨境支付、供应链管理、服务外包等典型应用场景,探索安全规范的数据跨境流动方式。

统筹数据开发利用和数据安全保护,探索建立跨境数据分类分级管理机制。对影响或者可能影响国家安全的数据处理、数据跨境传输、外资并购等活动依法依规进行国家安全审查。按照对等原则,对维护国家安全和利益、履行国际义务相关的属

于管制物项的数据依法依规实施出口管制,保障数据用于合法用途,防范数据出境安全风险。探索构建多渠道、便利化的数据跨境流动监管机制,健全多部门协调配合的数据跨境流动监管体系。反对数据霸权和数据保护主义,有效应对数据领域"长臂管辖"。

四、美国人工智能监管新做法及借鉴

人工智能正展现出强大性能,也暴露了诸多风险。在欧洲如火如荼加强人工智能监管之际,美国的人工智能监管正着手开局,但在监管机构设立、监管框架和立法等方面,美国方面仍存在较大争议,尤其是国会未就人工智能监管立法达成广泛共识。

2022年4月,美国联邦贸易委员会(FTC)发布《联邦贸易委员会消费者保护指南》,要求人工智能符合"透明、可解释、公平且符合经验"等要求。为了进一步鼓励私营公司和政府机构采用人工智能技术,同时降低涉及算法歧视、数据隐私和自动化系统使用的风险,2022年10月,美国白宫科技政策办公室(OS-TP)发布《人工智能权利法案蓝图》(Blueprint for an AI Bill of Right)。该蓝图为人工智能系统运行设立了安全有效的系统、算法歧视保护、数据隐私、通知和解释、人工替代方案与后备等五项基本原则。在此蓝图指导下,美国商务部下属机构美国国家标准与技术研究院于2023年1月发布《人工智能风险管理框架》,对人工智能相关风险进行分级和分类,旨在引导和帮助对人工智能进行风险评估。在联邦层面，有关人工智能监管的立法进程仍处于早期阶段，相关政策的协调度受到各部门各司其职的"碎片化"模式的阻碍，对加强监管是否加剧垄断、是否扼杀创新的认识仍存分歧。在各州层面，部分州引入了人工智能监管法案，伊利诺伊等州专门在立法机构成立了工作组或委员会，但各州的立法内容存在显著差异。美国人工监管进程的滞后，难以跟上人工智能飞速发展的脚步，难以为人工智能创新提供有效指导。

第六章 怎样培育数字经济法治思维

法治是一种文化,也是一种价值,还是最好的营商环境,是数字经济治理的基本方式。法规制度带有根本性、全局性、稳定性、长期性。使市场在资源配置中起决定性作用,需要健全完善的市场经济法律制度体系提供公正、稳定、可预期的法治环境。运用法治观念、法治思维和法治手段推动数字经济健康、规范发展,已经成为普遍共识。2014 年 2 月,习近平总书记指出,要抓紧制定立法规划,完善互联网信息内容管理、关键信息基础设施保护等法律法规,依法治理网络空间,维护公民合法权益。《中华人民共和国民法典》《中华人民共和国电子商务法》等法律,以及《网络交易监督管理办法》《科学数据管理办法》等部门规章明确了数字经济的运行规则,有利于系统提升数字经济法治思维。《数字中国建设整体布局规划》指出,要完善法律法规体系,加强立法统筹协调,研究制定数字领域立法规划,及时按程序调整不适应数字化发展的法律制度。构建技术标准体系,编

制数字化标准工作指南,加快制定修订各行业数字化转型、产业
交叉融合发展等应用标准。提升治理水平,健全网络综合治理
体系,提升全方位多维度综合治理能力,构建科学、高效、有序的
管网治网格局。净化网络空间,深入开展网络生态治理工作,推
进"清朗""净网"系列专项行动,创新推进网络文明建设。

第一节　用好法治思维这一思想武器

法治思维以法治概念为前提。法治是制度和文化进步的重
要标志,作为社会主义核心价值观的重要内容,在政治、经济、社
会生活中发挥重要作用。以法治为价值追求、以法治规范为基
本遵循的法治思维,是深化改革、推动发展、化解矛盾、应对风险
的重要思维方法。运用法治思维想问题、做决策、办事情,是新
时代对党员干部的基本要求。全面依法治国是中国特色社会主
义的本质要求和重要保障。党的十八届四中全会通过的《中共
中央关于全面推进依法治国若干重大问题的决定》提出,提高
党员干部法治思维和依法办事能力。

一、法治思维以特有方式存在于中华古老文化中

法治是人类文明的重要成果。法治思维是将法治理念、法
律知识、法律规定运用于对象中的思想认识活动及其过程。法
治思维的核心内涵,在于以法律要素及其工具理性限制恣意权

力。人类社会变迁发展的历史充分表明,法治具有明显的优越性。

法治作为人类实践的产物,源于民众朴素的生活理念。法治和法治思维并非是"舶来品",而是根植于中国古代文化中。韩非子指出:"奉法者强,则国强,奉法者弱,则国弱"。在长期的历史发展进程中,伦理道德、村规民约、习惯风俗、行为规范等不成文法,具有法治的某些核心特征,可以视为公意要素对恣意权力的制约,因而形成法治思维的雏形,并具有一定的实践和效果。然而,这种公意要素还不具有法律形式,仅为长期社会生活中民众所认同的道德、风俗、习惯等,具有模糊性。

二、法治思维独具浓厚的理性特色

法治致力于运用法律原则、法律精神、法律规范和法律逻辑等,实现诸如公平、正义、自由等价值,推动与法治要求相联系的思维方式得以产生。在法律确立理性的规则秩序基础上,法治思维强调逻辑理性、规则理性、价值理性和实践理性,注重对权力的制约和对权利的保护。法治认同是法治思维的前提,认可法律、尊重法律、信任法律,才能愿意服从法律。这就要求主体对法治现象持有理性的心理态势和行为倾向,能够综合运用法律知识、法律推理和法律判断对具体的法治问题给予客观理性的认识和解决,做到"遇事找法,解决问题靠法",进而提升对法治认同的自觉性和实践运用的主动性,坚决杜绝权大于法、以言代法、选择性执法。

在各种实践中理性行使权利、履行义务时，不能把法律规定当成法律的全部，防止机械解读和运用法律条款的问题，也不能恣意解释、适用法律，更不能作选择、搞变通、打折扣。

三、法治思维强调对法律逻辑规则的恰当运用

小智治事，中智治人，大智立法。法治思维致力于将法律作为判断是非和处理事务的准绳。古希腊时期的亚里士多德对法治进行了如下定义："已制定的法律获得普遍的服从，而大家所服从的法律又应该本身是制定得良好的法律。"法律是治国之重器，良法则为善治的前提。法律是权利义务的规范系统，是维护社会公平正义的最后一道防线。法律的主要内容是规定权利与义务、权力与责任，权利和义务则是法律的最小构成单位。法律红线不可逾越，法律底线不可触碰。法治关乎人们认知法律的能力，涉及人们理解法律和信仰法律的基本素养。法律原则是法治的灵魂和方向。法治思维的重要功能之一，在于将法律原则、法律知识转变为法律能力。

法律是党员领导干部知识体系的基本组成部分。坚持法治思维，学会用法治思维和法治方式做好治国理政各项工作，就要增强法治观念，牢固树立法律的刚性和权威，充分地理解法律价值、法律设定的意义、法律法规生成的原则，尊崇、敬畏、遵守宪法和法律。法治思维还要求善于运用法治方式开展工作、解决问题，不断提高运用法治思维和法治方式深化改革、推动发展、化解矛盾、维护稳定、应对风险的能力，认真对待权利，从杂乱繁

琐的事实中分析权利义务的流变,平衡好各种复杂的利益关系,更好发挥法治固根本、稳预期、利长远的保障作用。

四、法治思维是治国理政的重要工具

法治是关涉国计民生、国家长治久安的系统工程和重大命题,是国家治理体系和治理能力的重要依托。重视法治、厉行法治,才能有效保障国家治理体系的系统性、规范性、协调性。依照法律的规定处理国家治理中的一切事务,是法治最基本、最核心的要求。法治是由立法、执法、司法、守法等环节组成的相互依存、相互制约的动态体系,法治思维相应也是一个动态的过程,对制度建构和具体实践起到推动作用。法治思维贯穿于治国理政的全过程,体现到尊法学法守法用法的各方面。党的领导是中国特色社会主义最本质的特征,是中国特色社会主义法治最根本的保证。只有真正确立起法治思维,把依法治国与依规治党相结合,强化纪法衔接意识,才能把权力关进制度的笼子里,才能夯实法治中国建设的思想基础和社会基础。

坚持党的领导,全面依法治国,处理好权力与法治的关系,就要运用法治思维,自觉增强法治思维能力,牢固确立依照法定程序行使权力的理念,通过法治有效整合各种张力、化解各种冲突。法治思维支配法治方式,法治思维比法治方式更具根本性。具备了法治思维,就会在认知判断、分析推理基础上,进行综合判断,作出符合法治要求的决策。程序正义是实体正义的重要保证,权力必须依照法定程序行使,并确立违反程序的制裁性后果,这是良法善治的必然要求。规范约束权力是法治的一项重要使命,法治思维要求制约权力,防止权力滥用。只有通过监督才能保障权力在法定界限内行使,防止以权谋私。把法治素养和依法履职情况纳入考核评价体系,是发挥考核评价和用人导向作用、培育党员干部法治思维的重要抓手。

第二节　明确数字经济领域的权利和义务

权利和义务是一切法律规范的核心内容。数字经济深刻改变主体行为关系、传统法律框架和多方权责利关系。2000 年至今,《电子签名法》《网络安全法》《电子商务法》《数据安全法》《个人信息保护法》等数字经济相关的基础法律体系,陆续规定了数字经济领域的权利和义务。比如,《个人信息保护法》作为信息保护的基本法,明确了个人信息处理活动中的权利和义务边界,从适用范围、基本原则、处理规则等方面进行了全面规定。

一、《民法典》

随着数字经济的发展,尤其是大数据的广泛应用,数据、网络虚拟财产的经济价值和社会价值日益凸显。我国民法典赋予了数据和网络虚拟财产民事权利客体的地位,2020 年 5 月第十三届全国人民代表大会第三次会议通过的《中华人民共和国民法典》第一百二十七条规定:"法律对数据、网络虚拟财产的保护有规定的,依照其规定"。

这一规定为均衡兼顾相关权利人的合法权益和有效利用两类财产提供了制度基础。

二、"数据二十条"

2022年12月中共中央、国务院发布的《关于构建数据基础制度更好发挥数据要素作用的意见》,又称"数据二十条"。"数据二十条"提出的20条政策措施,涉及相关利益方的权利义务,有利于充分激活数据要素价值。

一方面,建立保障权益、合规使用的数据产权制度。探索建立数据产权制度,推动数据产权结构性分置和有序流通,结合数据要素特性强化高质量数据要素供给;在国家数据分类分级保护制度下,推进数据分类分级确权授权使用和市场化流通交易,健全数据要素权益保护制度,逐步形成具有中国特色的数据产权制度体系。比如,根据数据来源和数据生成特征,分别界定数据生产、流通、使用过程中各参与方享有的合法权利,建立数据资源持有权、数据加工使用权、数据产品经营权等分置的产权运行机制,推进非公共数据按市场化方式共同使用、共享收益的新模式,为激活数据要素价值创造和价值实现提供基础性制度保障;鼓励探索企业数据授权使用新模式,发挥国有企业带头作用,引导行业龙头企业、互联网平台企业发挥带动作用,促进与中小微企业双向公平授权,共同合理使用数据,赋能中小微企业数字化转型。

另一方面,不断健全数据要素市场体系和制度规则,防止和依法依规规制资本在数据领域无序扩张形成市场垄断等问题。尤其是压实企业的数据治理责任。坚持"宽进严管"原则,牢固树立企业的责任意识和自律意识。鼓励企业积极参与数据要素市场建设,围绕数据来源、数据产权、数据质量、数据使用等,推行面向数据商及第三方专业服务机构的数据流通交易声明和承诺制。严格落实相关法律规定,在数据采集汇聚、加工处理、流通交易、共享利用等各环节,推动企业依法依规承担相应责任。企业应严格遵守反垄断法等相关法律规定,不得利用数据、算法等优势和技术手段排除、限制竞争,实施不正当竞争。规范企业参与政府信息化建设中的政务数据安全管理,确保有规可循、有序发展、安全可控。建立健全数据要素登记及披露机制,增强企业社会责任,打破"数据垄断",促进公平竞争。

三、欧盟《数据治理法案》

为了促进数据的共享和可利用,2022 年 5 月,欧盟理事会批准了《数据治理法案》(the Data Governance Act,DGA)。该法案经欧盟理事会批准成为法律,作为欧洲数据战略的重要组成部分,通过建立强有力的机制,促进对某些类别的受保护公共部门数据的再利用。早在 2020 年,欧盟提出《数据治理法案》草案,旨在增加对数据中介服务的信任,并促进整个欧盟的数据利他主义。《数据治理法案》推动建立公共部门数据再利用机制,确保商业秘密、个人数据和受知识产权保护的数据等能够被安全使用;促进数据中介机构的发展,支持公司之间的自愿数据共享;鼓励个人和公司数据利他,组织捐赠数据,以便产生更广泛的社会利益;成立欧洲数据创新委员会,发布关于如何促进数据空间发展的准则等;推动非欧盟国家使用欧盟的非个人数据时提供适当保障,防止非法国际传输或政府访问非个人数据。

四、欧盟《人工智能法案》

欧盟《人工智能法案》规定了高风险人工智能系统提供者的义务。任何分发者、进口者、部署者或其他第三方,都需要履行提供数据规格或数据集相关信息、保存日志等相应的义务,并在高风险人工智能系统上标明名称、联系方式等。《人工智能法案》厘清了人工智能产业链上的主体责任,根据不同角色之间的作用地位划定权利和义务范围后,设定了相应的罚责。在通用人工智能方面,明确了基础模型提供者的义务,如评估和降低风险,遵守设计、信息和环境要求,在欧盟数据库中注册等。对于 GPT 等生成式基础模型来说,设计者和开发必须遵守欧盟法律,防止生成非法内容。

第三节　构建协同高效的监管机制

数字经济发展中的风险具有技术性、隐蔽性等特点,"十四五"时期数字经济监管面临多方面的挑战,有必要统筹健康发展和科学监管,加强数字经济统计监测、加强重大问题研判和风险预警、构建数字服务监管体系。新时代要加快建立全方位、多层次、立体化监管体系,加强跨部门、跨区域分工协作,探索开展跨场景跨业务跨部门联合监管,创新基于新技术手段的监管模式,实现事前事中事后全链条全领域监管,提升监管的开放、透明、法治水平,有效打击数字经济领域违法犯罪行为。推进灵活适度协同监管和开放透明的高效监管,强化跨部门、跨区域、跨层级协同监管,明确监管范围、主体、规则和标准,加强协调配合和分工合作,在试错、容错中鼓励数字经济深化创新创造,激发数字经济市场主体活力和科技创新能力,提高数字经济竞争程度和效率水平。

一、国际税收监管合作

数字经济是虚拟经济,在经济门类和产业间具有广泛渗透性,相关产品和服务以数字形式存在,不同程度脱离实体形式,其多重可移动性加剧了税基侵蚀和利润转移。

跨国数字企业的价值产生地与其利润征税地存在一定程度的不匹配。数字消费国的数据和用户参与到价值创造过程,利润却可能归属于数字输出国或其他第三方国家。数字企业利用价值和利润创造对无形资产的高度依赖性向低税地转移利润,严重侵蚀一国税基。所得税普遍存在管辖权划分、应税所得确定、避税控制等环节的挑战,线上和线下纳税人的税负差异明显。如何确认数字经济主体的利润归属,如何保障一国的征税权,目前仍存在分歧,又因难以单独制定一套税收政策,反避税相关对策的研究成为各国的重要议题。

税收管辖权模糊带来的税基侵蚀和利润转移。高度发达的数字经济降低了对当地运作实体的依赖程度。随着跨国商品与服务贸易及国际资本流动的规模扩大,非居民企业开展跨境经营时,在他国设立物理性存在的必要性降低。跨国数字企业近乎以零成本获取和分析各国销售市场的数据,并基于此获取利润。互联网企业的税收居民身份所属国与所得来源地在税收利益协调上存在失衡和扭曲。所得来源地国为互联网企业的跨境数字化经营活动提供了消费条件和生产条件,为这些企业的价值创造提供了资源和条件,但无法充分获得相应的征税权与税收利益。近年来,谷歌、亚马逊等国际避税案频繁发生,逃避税途径更加多样化,更难确定交易双方信息,策略设计更为隐蔽。这反映出当地征税机关识别交易性质、有效监控税源等方面存有挑战和困难。从税收管辖权划分上看,按照价值创造原则,所得来源地国可对互联网企业征收所得税,但在现代国际税法实践中,有关所得来源地国的增设新税种、引入预提税、修订常设机构等应对策略,由于缺乏公平性和权威性,很难得到落实,无法与互联网企业的税收居民身份所属国公平分享跨境数字化经营活动所创造的税收红利。为达到避税目的,跨国企业利用数字经济交易主体虚拟性、交易内容数据化等特征,人为减少相应跨国所得的分配份额,将更多利润额转移到无所得税或较低税负国家和地区关联企业账上。一些跨国企业利用全球一体化的经营模式，以及中外税制之间的差异，逃避在我国的纳税义务，一定程度上侵蚀了我国税基，损害了我国税收主权。数字经济领域存在的以上税基侵蚀和利润转移问题，在短期内难以得到彻底解决。

信息技术与研发、运营、售后、支付等环节密切融合过程中，相应地在空间格局呈现碎片化和扁平化特征，导致价值创造地和收入来源地的区分日益模糊，互联网企业的资产负债表至今仍无法准确反映各种数据的价值和税负情况，对国际税收中常设机构和转让定价规则形成冲击。目前，跨境交易呈现全球化、一体化、虚拟化和数据化，数据价值的评估量化和利润归属分配问题非常复杂，现行所得税法和税收协定中的"场所型常设机构"规则失灵。数字经济环境下，如果继续适用传统的常设机构原则，有关跨境在线数字化产品或服务交易利润的国际税收分配结果必将显失均衡。数字经济模糊了传统所得税法关于各类所得之间的界限，严重冲击现行的所得定性识别规则。

数字经济的商业模式正挑战各国国内及国际税法体系。数字经济领域税收规则的改变，对经济行为确定性和可预测性的预期产生影响，多数国家对数字经济征税问题持保守和谨慎态度，宽严不一。已有数字经济税收规则体系主要反映发达国家的比较优势和利益诉求，公平合理的国际共识标准有待形成。针对提供数字化服务或广告活动的收入征税，针对数字化交易征收预提税，针对数字化企业的流转额征收均衡税等尝试，既取决于各国税收规定等法律结构,也取决于各国的经济形态,对其他国家并不一定具有普适性。应加强国家间税收情报交换和征管协作,减少双重征税。加强对跨国企业的反避税调查,防止跨国数字企业向我国转移境外损失,阻止其不合理的费用扣除和分摊。积极参与标准制定,推动金融账户涉税信息自动交换,积极应对国际逃避税。同时,积极参与数字税等国际规则和数字技术标准制定。借鉴"最低有效税率"方案基本思路,限制跨国公司转移利润的能力,确保转让定价结果与价值创造一致性,减轻各国的税收竞争压力。提高税务登记率,防范通过无形资产隐蔽转让进行收入转移的行为,探索当无形资产转让缺乏可比交易时使用评估方法确定市场交易的公允价格,阻止跨国企业通过分配经营风险方式转移利润,尤其规避跨国企业过度向低税率关联企业转移利润。提高纳税人与税务机关之间以及不同国别税务机关之间的信息透明程度,采取措施抵消或中和跨国企业通过利息扣除和其他金融支出逃避在我国纳税义务的行为。

二、平台经济的常态化监管

在全球的互联网搜索市场、社交媒体市场和云计算服务(AWS)市场上,分别由谷歌、脸书、亚马逊占据主导地位,这些数字平台企业都接受过或正在接受有关国家或地区的反垄断调查。在我国,"算法共谋"通过机器学习的形式,即时获取、调整、预测价格,增强了不合理交易条件的隐蔽性,给市场交易带来极大的不确定性。2021 年 4 月,国家市场监管总局依法对阿里巴巴集团控股有限公司在我国境内网络零售平台服务市场实施"二选一"垄断行为作出行政处罚,处以 182.28 亿元罚款(其2019 年中国境内销售额 4557 亿元的 4%)。

从依法加强监管和有效防范风险的角度出发,金融管理部门探索形成平台企业金融业务发展与监管制度框架,持续建立健全平台经济治理体系。2020 年 11 月以来,金融管理部门依法将各类金融活动全部纳入监管,确保同类业务适用同等监管规则,督促指导腾讯集团、蚂蚁集团等大型平台企业全面整改金融活动中存在的违法违规问题。随着平台企业金融业务存在的大部分突出问题已完成整改,监管重点正从集中整改转入常态化监管,着力提升平台企业金融业务常态化监管水平。2023 年7 月,金融管理部门对蚂蚁集团及旗下机构处以罚款(含没收违法所得)71.23 亿元,主要涉及违反支付账户管理规定、侵害消费者合法权益和违规参与银行保险机构业务活动等。

三、多主体共同参与

人工智能领域的治理需要政府、企业、社会、网民等多方主体共同参与,推动人工智能技术的依法、合理、有效使用,促进互联网信息服务健康发展,维护网络空间良好生态。不断涌现的人工智能产品,加大了对其潜在缺陷的认知,越来越多的声音呼吁,要清醒认识传播错误信息、延续社会偏见和让人类面临失业的风险,并对整个行业加强监管。2023 年 3 月,美国埃隆·马

斯克及 1000 余名专业人士呼吁,暂停先进人工智能系统开发 6
个月,停止该领域的"军备竞赛"。甚至有观点认为,快速发展
的人工智能技术对于人类的威胁堪比疫情和核战争。2023 年 5
月,人工智能"教父"杰弗里·辛顿和约书亚·本吉奥,ChatGPT
之父"、OpenAI 公司创始人兼 CEO 萨姆·阿尔特曼等 350 多名
人工智能(AI)领域的专家、高管,以美国旧金山的非营利组织
人工智能安全中心为平台发布联合声明,认为与流行病和核战
争等其他社会风险一样,减轻人工智能带来的人类灭绝风险,应
成为全球优先考虑的问题。以上呼吁和声明,体现了多方主体
对人工智能领域综合治理的共同参与。

随着人工智能技术的进步和普及,越来越多的创作者和用
户开始使用人工智能技术辅助创作或消费内容。2023 年 5 月,
抖音发布了"关于人工智能生成内容的平台规范暨行业倡议",
提出:发布者应对人工智能生成内容进行显著标识,帮助其他用
户区分虚拟与现实,特别是易混淆场景;发布者需对人工智能生
成内容产生的相应后果负责,无论内容是如何生成的;虚拟人需
在平台进行注册,虚拟人技术使用者需实名认证;禁止利用生成
式人工智能技术创作、发布侵权内容,包括但不限于肖像权、知
识产权等。一经发现,平台将严格处罚;禁止利用生成式人工智
能技术创作、发布违背科学常识、弄虚作假、造谣传谣的内容。
一经发现,平台将严格处罚;平台将提供统一的人工智能生成内
容标识能力,帮助创作者打标,方便用户区分;平台将提供虚拟
人的注册能力,并对已注册的虚拟人形象进行保护;平台将提供

用户反馈渠道,方便用户反馈违规生成内容。这一行动既是对发布者自身的规范和约束,也是对行业的引领和推动,体现了发布者对人工智能技术在内容创作领域的积极探索和负责任的态度。

应鼓励互联网行业组织建立健全行业自律制度和行业准则,引导互联网企业建立健全公众投诉、举报和用户权益保护制度,及时处理公众投诉、举报,并依法承担对用户权益造成损害的赔偿责任,防止个人和组织利用互联网危害国家安全,侵害他人名誉、隐私、知识产权和其他合法权益,扰乱经济秩序和社会秩序。

四、国际互联网治理体系

应致力于维护一个和平、安全、开放、合作、有序的网络空间,讨论制定一套全球可互操作性的网络空间规则和标准,推动构建多边、民主、透明的国际互联网治理体系,反对互联网分裂和碎片化,泛化国家安全概念,滥用管制工具,任意阻断全球信息通信产品供应链,特别是在商业基础上长期合作形成的供应,反对滥用信息技术从事针对他国的大规模监控、非法采集他国公民个人信息。

推动制定开放、包容的高水平数字贸易规则,加强各国政策协调,推动形成世界数字大市场,促进世界范围内公平自由的贸易和投资,反对贸易壁垒和贸易保护主义,反对滥用单边强制措施,损害他国发展数字经济和改善民生的能力。

第四节　深化数字经济法治建设的
　　　国际协调合作

世界主要经济体都在抢先布局数字经济,全球产业竞争格局深刻演化,竞争日趋激烈。运用数字经济法治思维和能力保障数字经济健康发展,需要深化法治体系建设的国家协调和合作。

一、美欧关于数据流动的博弈

欧盟极为重视数据监管,对个人数据保护的立法始终走在世界前列,1995 年《个人数据保护指令》、2000 年《欧洲联盟基本权利宪章》、2018 年《通用数据保护条例》(GDPR)等,构成了系统化的数据监管法治体系。在美国拥有全球数字经济规则制定的话语权,对数据跨境流动的监管较为宽松,以及大量欧盟数据流向谷歌、微软等拥有技术优势和垄断地位的美国企业的诸多背景下,欧盟和美国对数据流动的监管,既有合作,也有激烈博弈。总体上看,在隐私保护和数据利用之间,欧盟侧重于前者,美国倾向于后者。

数据流动对全球经济至关重要,欧盟和美国间的跨大西洋数据和信息价值超过 7.1 万亿美元,涉及谷歌、推特等 5000 多家公司。欧盟提出"把数据留在欧洲"的数据安全理念,支持数据在欧盟境内自由流动,以消除区域内数字壁垒。欧盟自身也意识到,如果过度监管欧盟的互联网平台,会影响其更好地利用信息技术,延缓数字创新与经济转型。然而,在跨境数据传输环节,欧盟一直施以严格的约束和限制。为保护成员国公民的个人隐私数据,2018 年 5 月在欧盟范围内生效的《通用数据保护条例》,建立了完备的个人数据保护制度,涉及个人数据处理的基本原则、数据主体的权利、数据控制者和处理者的义务、个人数据跨境转移等领域,被称为史上最严的数据保护立法。该条例规定,可以管辖欧盟之外向欧盟居民提供服务的企业。2019年 5 月 25 日以上条例实施满一周年时,欧盟共收到约 14.5 万份数据安全相关的投诉和问题举报,判处 5500 万欧元行政罚款。美国作为规则的引领者和塑造者,从保护自身商业利益出发,以技术中性为基本理念,极力倡导国际层面数据跨境自由流通。美国大力支持其掌握核心信息技术的跨国企业在全球扩展,谋求数据自由流动。

为了促进个人数据在美欧间的自由流动,推动美国提供同欧盟法律相适应的个人数据保护,2000 年和 2016 年,欧盟与美国先后签订《安全港协议》和《隐私盾协议》。作为国际上第一个规制跨境数据流通的国际协议,《安全港协议》曾长期为美欧跨境数据流通提供重要索引和指南。斯诺登"棱镜门"事件后,欧盟对美国关于个人信息保护的强度没有信心。2013 年,奥地利公民 Maximilian Schrems 向法院提起诉讼,请求禁止 Facebook 将其个人数据传输至美国。以上述事件为导火索,2015 年,欧盟法院认定《安全港协议》无效。此后,为了解决美国跨境获取欧盟个人数据的合法和监管问题,双方于2016年签订了保护水平高于前者的《隐私盾协议》。然而,因违反《欧盟基本权利宪章》和《欧盟一般数据保护条例》,《隐私盾协议》于2020年7月被欧盟法院判定无效,企业不得基于该协议将欧盟用户信息传输至美国。为促进欧盟和美国之间的跨境数据传输,2022年10月,拜登政府发布《欧美数据隐私框架》(EU-U.S.Data Privacy Framework,DPF),对美国的大规模监视施加限制措施,并为受到非法监视的个人制定行政补救程序。欧盟初步认为,该协议在政府访问数据方面提出了新措施,明确了从欧盟进口数据所必须遵守的义务,填补了既往的法律空缺。美国和欧洲跨境数据流动的诸多尝试,为今后更广泛的多边合作作出了表率。

以上反映了欧美在跨境数据流通相关法治建设方面的充分合作,也暴露了严重分歧,之间的数据传输仍然面临着法律挑战,美国是否能够向欧盟公民提供有效的手段来挑战美国政府对其数据的监控,还没有明确的答案。如果美国提出的《欧美数据隐私框架》再次被欧盟所否定,美国在保护跨国企业全球发展的同时强化个人数据监控与欧盟隐私权保护之间的根本冲突将不可避免,欧盟对美国公司进一步的监管打击不可避免,双方面临新的法律困境不可避免。2023年5月,欧盟宣布,因美国社交媒体平台脸书的母公司"元"公司不顾2020年欧洲法院的裁决,继续违反数据传输规则将欧盟脸书用户数据传输到美国服务器上,根据《通用数据保护条例》有关规定,对其处以12

亿欧元罚金。2023 年 7 月,欧美数据流动迈出新的一步,根据欧盟委员会通过的"欧盟—美国数据隐私框架"的充分性决定,个人数据可以安全地从欧盟流向参与该框架的美国公司,而无需采取额外的数据保护措施,由此两地建立起比较稳定的跨大西洋数据流动安排,为大西洋两岸的公民和企业提供了重要利益,使各种规模的企业能够在彼此的市场中竞争。但新框架运行是否稳健有效,仍有待观察。

二、美国《2022 年芯片与科学法案》

为了增加本土芯片的供应量,减少对进口芯片的依赖,2022 年 8 月,美国拜登政府出台《2022 年芯片与科学法案》。一是直接资助、联邦贷款和贷款担保的形式发放 5520 亿美元,在美国本土建立半导体研究和制造能力;二是要求接受联邦财政援助的半导体企业不得在中国进行实质性扩张,胁迫盟友限制对华出口,试图把全球芯片产供链"一分为二";三是限制将半导体生产迁至美国境外,并排除受关注的外国实体申请的资格,确保补贴的接受者不能将美国政府给予的补贴应用到与中国芯片产业相关的产品上。

该法案中典型的专向性产业补贴政策,属于会对国际贸易产生负面影响的补贴,不符合世贸组织(WTO)的非歧视原则,严重违反市场经济规律和公平竞争原则。法案将部分国家确定为重点针对和打击目标,导致企业被迫调整全球发展战略和布局,对全球经济创新增长带来负面影响,严重阻碍世界经济复苏和发展。这一法案的科技封锁和保护主义行径，其目的是为维护自身霸权、胁迫一些国家围堵遏制中国，其措施是泛化国家安全概念、滥用出口管制措施，其后果是牺牲盟友利益、人为推动产业脱钩断链。

美国商务部 2023 年 3 月发布的"芯片法案""护栏"规定，获得补贴的企业今后 10 年在包括中国在内的部分国家进行扩大半导体产能等重大交易时，需将补贴全额退还。作为一个在美国芯片行业的主要投资者和芯片制造方面的领先国家，韩国希望放宽美方对半导体企业在中国扩大产能的限制，并重新审视其新的半导体补贴标准。2023 年 10 月，为了弥补人工智能芯片出口限制生效后出现的漏洞，更加严格限制中国购买重要的高端芯片，阻止中国获得先进的半导体，美国更新了 2022 年 10 月发布的对华出口管制规定，限制的核心对象是先进计算半导体、半导体制造设备和超级计算机项目。同时，更新后的禁令还将杭州壁仞科技开发有限公司、摩尔线程智能科技（北京）有限责任公司等显示芯片厂商列入到"实体清单"。

实际上，拜登政府为抑制中国半导体制造业发展而实施的出口管制，反而会让美国科技界蒙受巨大损失。2023 年 5 月，美国芯片制造商英伟达首席执行官黄仁勋提出，中国市场不可代替，被剥夺了中国市场，公司就无法在其最大的市场销售先进芯片。美国挑起芯片竞争的后果，是中国企业开始自主研制芯片，同英伟达等公司在游戏、图形和人工智能等领域竞争，同时导致美国科技行业的芯片需求和产能双降，这就完全背离了拜登政府 2022 年 3 月出台芯片与科学法案的初衷。美国政府自罗斯福新政之后,鲜有通过工业政策塑造市场行为的举动,本次自上而下推动的产业政策,其效果仍需观察和深度研究。

三、《数字经济伙伴关系协定》

我国正拓展数字经济法治建设国际协调合作的广度和深度。为了在新发展格局下进一步深化国内改革和扩大高水平对外开放,加强与各成员的数字经济领域合作,促进创新和可持续发展,2021 年 11 月,我国向《数字经济伙伴关系协定》(DEPA)保存方新西兰正式提出申请加入 DEPA。《数字经济伙伴关系协定》为全球数字经贸规则制定提供模板,涵盖了初步规定和一般定义、商业和贸易便利化、数字产品及相关问题的处理、数据问题、广泛的信任环境、商业和消费者信任、数字身份、新兴趋势和技术、创新与数字经济、中小企业合作、数字包容、联合委员会和联络点、透明度、争端解决、例外和最后条款等 16 个模块。

2022 年 8 月,中国加入《数字经济伙伴关系协定》工作组正式成立,标志着中国数字经济国际合作迈出新的步伐。要围绕多边税收合作、市场准入、数字人民币、数据跨境流动、数据隐私保护等重大问题,研究制定符合我国国情的数字经济相关标准和治理规则。

四、数字公共产品的开放性

提高数字产品的开放性,才能释放数字技术潜力、推动实现可持续发展目标。可在尊重各国主权、数据安全、公民合法权益以及自愿原则的基础上,推动有关国家就开放数字产品的标准、范畴、管理方式、使用规范等进行讨论,逐步凝聚共识。提升公共服务数字化水平,加强在线教育等领域国际合作,加强可持续发展目标监测评估数据合作与共享。

第七章 怎样增强数字经济底线思维

底线思维蕴含着前瞻意识、忧患意识，是应对错综复杂形势的科学方法。战略思维预设了底线思维的发生场景，历史思维形成了底线思维的历史依据，辩证思维决定了底线思维的运行机理，系统思维塑造了底线思维的内容，法治思维明确了底线思维的规则，创新思维则拓宽了底线思维的视野。2013 年 6 月，习近平总书记在全国组织工作会议上指出，提高战略思维、创新思维、辩证思维、底线思维能力。坚持底线思维，就要未雨绸缪、居安思危，善于化危为机、危中求机。2023 年 5 月，习近平总书记主持召开二十届中央国家安全委员会第一次会议强调，要坚持底线思维和极限思维，准备经受风高浪急甚至惊涛骇浪的重大考验。在数字经济领域坚持底线思维，要充分看到数字经济发展中的困难、问题和不利因素，才能下好先手棋、把握主动权。2018 年 4 月，习近平总书记强调，没有网络安全就没有国家安全，就没有经济社会稳定运行，广大人民群众利益也难以得到保障。能否把底线思维运用于数字经济发展实践中,既是谋划和推动工作的职责所在,也是检验数字经济本领高低的重要标准。《数字中国建设整体布局规划》指出,要提升治理水平,健全网络综合治理体系,提升全方位多维度综合治理能力,构建科学、高效、有序的管网治网格局。净化网络空间,深入开展网络生态治理工作,推进"清朗""净网"系列专项行动,创新推进网络文明建设。

第一节　防范化解风险需要坚持底线思维

底线是指长方形比赛场地中短边的边线,引申为最低的限度或必要条件,也指特定活动进行前所设定期望目标的最低目标和基本要求,是不可逾越的边界线和事物发生质变的临界线。底线思维作为一种哲学思维,具有辩证、前瞻和能动特性,是中华文明文化积淀和中国共产党人实践的思想结晶,成为解决"桥"和"船"问题的科学思想方法与工作方法之一。新时代进行具有许多新的历史特点的伟大斗争,深刻认识外部环境的深刻变化,准确把握我国改革发展稳定面临的新情况新问题新挑战,必须保持清醒的头脑,一以贯之坚持底线思维,做到承认底线,找到底线,划出底线,守住底线,最终高于底线。同时,把底线思维作为选拔、考核、晋升的重要依据,加大对底线思维能力的培训,客观认识和评估自身的底线思维能力,既不盲目自信,也不保守、教条、机械地运用底线思维方法。

一、底线思维植根于中华民族五千多年的历史积淀之中

忧患意识是中华民族的重要精神特质，根植于悠久厚重、源远流长的历史传统中。底线思维是中华民族传统农耕文明忧患意识在现代思维方法中的延展和升华。在安土重迁、求稳图安的农耕文化熏陶下，在长期的社会历史实践及智慧积淀中，中华民族在总结历史经验教训、洞察历史事件规律本质的基础上，历久弥新形成的忧患意识，成为底线思维的哲学前提和哲学底蕴。

"备豫不虞，为国常道""凡事预则立，不预则废""居安思危，未雨绸缪""生于忧患，死于安乐""安不忘危，治不忘乱""艰难困苦，玉汝于成""图之于未萌，虑之于未有""明者防祸于未萌，智者图患于将来""于安思危，于治忧乱""守乎其低而得其高"等中华文明的宝贵智慧，都是对底线思维的生动阐释，也为忧患意识和底线思维的现代化运用提供了深厚的文化积淀和养分。

二、底线思维蕴含着辩证唯物主义科学原理

底线思维是"有守"和"有为"的有机统一，体现了对立统一规律、质量互变规律等深厚的马克思主义哲学原理。在度的范围内，事物的质保持不变。当超出度的上限或下限（即底线），事物发生质变，转化为其他事物，特别是当事物滑出底线时，事物发生倒退而非向前发展，潜在风险就会变成现实的负面结果。

物质世界不断运动、变化和发展,而不是机械、孤立或静止的,其间的万事万物(如安危、好坏、治乱等)作为矛盾统一体,不但相互依存、相互作用,而且在一定的条件下相互转化,这就要求强化底线思维,不但看到积极、有利因素,也要看到消极和不利因素。在事物越是顺利发展前进的时候,越需要谨慎谦虚,推动矛盾向好的方面转化。

中国共产党生于忧患,成长壮大于忧患,一直保持高度的忧患意识。底线思维是中国共产党对世界百年未有之大变局的自觉洞察,对马克思主义矛盾观点、联系观点和主观能动性的灵活运用,是中国共产党人忧党忧国忧民、战胜风险挑战、不断从胜利走向胜利的重要思想方法、工作方法、领导方法,是制胜法宝。为确保最有利局面并取得光明前途,毛泽东同志领导全党在最坏可能性的基础上制定政策,全方位地采取措施应对内外困难。从革命走向建设时期,坚持和发展中国特色社会主义事业具有探索性和一定的风险性,底线思维依旧是强有力的思想武器,成为治国理政的政治经验和智慧。改革开放过程中,坚持社会主义道路,坚持人民民主专政,坚持中国共产党的领导,坚持马列主义、毛泽东思想这四项基本原则,成为底线所在,为中国特色社会主义事业指明了根本方向。对党员干部来说,底线思维是检验能力素质的重要标尺。

三、底线思维具有前瞻性

底线思维作为一种社会意识,有着强烈的社会存在指向。

由于实践主体对底线的认识是动态变化的,具有阶段性和连续性相统一的特征,由此,底线随着实践主体对规律认识的深化而不断调整,也随着实践能力的提升而有所变化。坚持底线思维,就要超前预测事物运动发展过程中的苗头趋势、风险挑战,辩证分析和科学研判时局发展每个阶段呈现出来的变化特征和总体趋势,总揽全局,审时度势。这个过程中,保持恪守底线的定力,不消极守成,不掩盖问题,不回避矛盾,见微知著、防微杜渐,准确识变、科学应变、主动求变,设定最低目标,立足最低点争取最大期望值。

对可能出现"黑天鹅""灰犀牛"等大小困难和风险,调查研判各种风险源,进行多角度、多方位分析,并建立和完善监测、识别、研判、预警和应对机制,推进风险防控工作科学化、精细化,全方位梳理排查各领域、各环节风险点,切实准备好多种周全的预案方案,对症下药、综合施策,做到在危机中育新机、于变局中开新局。从各种征兆中发现蕴藏的重大风险过程中,如果把困难估计得更充分一些,在最坏的可能性上把握规律、谋篇布局,就容易占据主动,后续即使最坏的结果没有出现,由于事先已有充分的考虑和布局,就会更加游刃有余、赢得更大的主动。

四、底线思维是一种积极主动的思维方式

坚持底线思维,并不否定发挥主观能动性,并非消极守成、不敢作为,而是要求把握运用尊重客观规律性与发挥主观能动性相统一,迎难而上、攻坚克难。底线之上空间广阔,成为发挥

主观能动性的战略空间。忧患意识和底线思维不是杞人忧天，不是庸人自扰，不是消极、被动的思维方式，而是一种积极主动进取意识，尽可能把各种可能的情况想全想透，运用系统理念把握全局，趋利避害、积极应对，这是提高底线思维能力的着力点。善于坚持和运用底线思维，敢于斗争、善于斗争，凡事保持清醒头脑、战略定力和历史耐心，在斗争实践中自觉、主动识别困难挑战，不断管控并战胜风险矛盾，从坏处准备，才能有备无患、遇事不慌，才能下好先手棋、把握主动权，才能努力争取最好的结果。

底线思维作为知行统一的行动哲学，不但要求始终保持如临深渊、如履薄冰的态度，一以贯之增强忧患意识、防范风险挑战，而且要求坚定信心、掌握主动、抓"早"抓"小"，深入开展调查研究、主动设置底线、坚守底线，变压力为动力，而不是被动等待风险矛盾酝酿、发酵甚至扩大。有所准备是实现底线思维矛盾转化的前提，要充分发挥主观能动性，塑造形成开顶风船、走上坡路的能力，以实际行动补齐短板，堵塞漏洞，防范化解重大风险，实现矛盾转化，尤其是促进事情向好的方面转化，加大取得成功的几率和可能，做到想干事、能干事、干成事。

第二节 弥合"鸿沟"，共享成果

清华大学数据治理研究中心发布的《2022 中国数字政府发

展指数报告》指出,推进数字政府建设仍然存在差序化格局与非均衡问题,包括:在省级层面,根据组织机构、制度体系、治理能力、治理效果四个指标的总得分测算,东部地区数字政府的发展显著领先于中西部地区,上海总得分位列全国第一,北京、浙江分列第二、三名。据中共中央党校(国家行政学院)发布的《2022 联合国电子政务调查报告》,全球的数字鸿沟仍然存在,目前超过 30 亿人生活在电子政务发展指数值低于全球平均水平的国家,其中大多数国家在非洲、亚洲和大洋洲。非洲 54 个国家中有 50 个国家(占该地区人口的 95%)的电子政务发展指数值低于全球平均水平。如果不采取针对性、系统性的措施,数字鸿沟有可能持续扩大。

一、数字经济对传统就业的冲击不可忽视

依托数字经济产生的新就业形态,在拓展就业空间、增加就业机会方面,不但扩大了就业容量,丰富了就业方式,而且增进了就业质量。数字经济给很多人提供了创业就业机会,更多的低学历人群能够参与到数字化催生的新兴工作中来,很多偏远地区的农民也因此受益。比如,为外卖骑手工作提供了兼职性、过渡性的就业机会,为失业者提供兜底性就业支持。同时,数字基础设施的变革并未导致劳动关系和生产实践发生根本转变,与工业革命早期阶段引发的大规模失业类似,数字经济的发展对传统就业也有一定冲击。数字技术的日益普及而加速运作,对劳动力转型有着诸多影响,其应用和发展需要高度分散、精细

分工和实时受控的人类劳动。此种情境下,职场监测、控制和工作调度等需要更加实时化和精细化,20世纪初的泰罗制不但没有消失,反而在一定程度上有所增强甚至倍增。快递员、游戏测试员、快车司机等从业者在算法的自动组织下,从事碎片化的、受控制的重复性工作,压力加大,情绪消耗也巨大。数字技术要以意想不到的方式重现泰罗制的经典元素,通过全球物流系统、众包工作平台等数字基础设施,推动不同背景、经历和处于不同地点的工人在严格控制下开展标准化的协作,同时也提升了劳动力的灵活性和异质性,提高了劳动力组织的难度、劳资冲突缓解的难度。数字资本对数字劳动的剥削,仍然成为不可回避的理论和实践问题。

ChatGPT 等 AI 机器人借助先进技术,擅长以相对准确的方式处理各种信息,能够很好地读取、写入和理解基于文本的数据,可以比人类更快地生成代码,可以部分取代软件开发人员、网络开发人员、计算机程序员等的巨量工作;擅长平面设计、广告、新闻等内容创作,能够比人类更有效地完成报告和写作等任务;擅长分析数据和预测结果,可部分替代市场分析师、财务分析师、个人财务顾问、股票交易员的传统工作。数字驱动下的自动化取代劳动力后,后者就需要被重新分配和分工,由此改变了劳动力的地理分布、就业模式和流动性特征。

人工智能应用导致失业具有一定的现实性。ChatGPT 已经影响到好莱坞乃至整个影视行业。2023 年 6 月 21 日,美国数千名编剧工会成员在弗吉尼亚州费尔法克斯区的泛太平洋公园游行和罢工，冲突的核心在于人工智能特别是人工智能生成内容（AIGC）。对于编剧来说，过去十年获得的收入一直在缩水，很难再经受 ChatGPT 就业替代的冲击。编剧曾经的中产生活正变成零工经济状态。罢工者提出，在未经允许的情况下，禁止制作方将工会成员的剧本进行 AI 训练，以避免窃取编剧的劳动成果。如何应对失业，成为数字经济能够持续良好发展的关键。

我国在互联网使用、电子政务普及、手机终端数量等方面，东部、中西部存在明显差异，数字资源分配不均匀。尽管宽带覆盖率整体有所改善，但是农村地区覆盖率较低。"网络鸿沟""宽带鸿沟""无线鸿沟"正向"云鸿沟"和"5G 鸿沟"演化。在一些中西部地区，基础设施尤其是信息基础设施落后，导致当地群众无法获得互联网带来的"知识红利"，降低了互联网等技术的运用范围，也制约了当地的数字经济快速发展。

二、从多个维度解决"数字鸿沟"问题

数字世界充满鸿沟，一些人被排除在数字世界之外，具体体现在不同地区、性别、年龄和收入群体之间。数据正产生了巨大的商业和社会价值。虽然每月的全球数据流量预计到 2026 年将增长 400% 以上，但活动却集中在少数全球参与者之中。许多发展中国家有可能仅仅成为原始数据的提供者，同时不得不为其数据提供的服务付费，创新鸿沟更加明显。这些创新所产生的财富高度不平等，由少数大平台和国家所主导。

不平等正在加剧。对技术的巨大投资并没有伴随对公共教

育和基础设施的支出。数字技术带来了生产力和价值的巨大提升,但这些裨益并没有带来共同繁荣。收入最高的 1% 的人的财富在成倍增长:从 1995 年到 2021 年,他们占全球财富增长的 38%,而底层 50% 的人仅占 2%。数字技术使经济权力加速向越来越少的精英和公司集中:2022 年科技亿万富翁的财富总额为 2.1 万亿美元,比二十国集团一半以上经济体的年国内生产总值还要多。

这些鸿沟背后是巨大的治理差距。新技术甚至缺乏基本的防护措施。如今,将一个软体玩具推向市场比推出一个人工智能聊天机器人更难。由于这类数字技术由私人开发,政府在为公共利益对其进行监管方面一直处于滞后状态。由于几十年来对国家能力的投资不足,大多数国家的公共机构都没有能力评估和应对数字挑战。很少有机构能够与私营行为体竞争,利用人才并激励数字技术人才到公共部门工作。在最需要公共行政部门来支持安全和公平数字转型的时刻,公共行政部门却被挖空。

正如在新冠疫情大流行期间所观察到的那样,数字技术的使用为我们的生活、学习、工作和交流方式带来了前所未有的机会。通过不负责任的恶意使用和犯罪滥用,以及负面的意外后果和环境影响,数字技术也带来了巨大的危害。随着各国通过技术优势争夺政治和军事优势,破坏稳定的竞争、升级和事故的风险不断增加。

坚持底线思维,要求兜住民生底线。2017 年 12 月,习近平总书记在主持实施国家大数据战略集体学习时强调,要运用大数据促进保障和改善民生。促进数字公共服务普惠化,要坚持问题导向,抓住民生领域的突出矛盾和问题。应坚持以人民为中心的发展思想,强化民生服务,弥补民生短板,推进教育、就业、社保、医药卫生、住房、交通等领域大数据普及应用,深度开发各类便民应用。推进"互联网+教育""互联网+医疗""互联网+文化"等,让百姓少跑腿、数据多跑路,不断提升公共服务均等化、普惠化、便捷化水平。尤其要大力实施国家教育数字化战略行动,完善国家智慧教育平台,发展数字健康,规范互联网诊疗和互联网医院发展。

围绕老年人日常生活涉及的出行、就医、消费、文娱、办事等七类高频事项和服务场景,切实解决老年人运用智能技术的困难。关注老年患者在就医方面受到"数字鸿沟"的严重影响。"十四五"时期,60岁及以上老年人口总量将突破3亿。互联网应用在老年人群体中普及率仍然较低。为了改善就医感受,提升老年患者体验,有关部门正力争整体提升医疗服务的舒适化、智慧化、数字化水平,解决影响老年患者就诊的"数字鸿沟"等问题。比如,为保障老年人能够运用智能技术解决就医需求,"掌上阜外医院"APP推出关爱版,推出大字体、大图标、高对比度文字等优化。

采取多项措施,为残疾人信息交流无障碍创造条件。加强信息无障碍建设,帮助老年人、残疾人等共享数字生活。利用信息科技成果推动残疾人大数据和信息化建设。推动数据赋能精准施策,加快发展信息无障碍建设,提升残疾人精准化、精细化服务水平,更好地发挥信息化对残疾人事业发展的支撑和促进作用。建设云基础设施,为残疾人数据分析处理提供计算能力。扩展残疾人数据存储能力,满足多类型信息汇聚及存储需求。采用认证授权、数据加密等技术,完善数据访问和传输保护,加强助残服务全流程数据安全防护和隐私保护,保障残疾人数据使用的合规性。

健全外卖骑手、网约车司机等灵活就业人员参加劳动者权益保障制度和社会保险制度,完善灵活就业的工伤保险制度,有效保障新业态从业人员休息权。

三、扩大数字经济成果的可及性

应努力解决数字经济给不同社会群体带来的挑战,确保各阶层、各群体共享数字发展红利,从数字发展机遇中均衡获益,缩小不同群体和地域之间的数字能力差距,提升数字发展的公平性、有效性、普惠性。为全面巩固脱贫攻坚成果,促进脱贫攻坚与乡村振兴有效衔接,中国电子信息产业集团有限公司主动承接落实防返贫相关工作,旗下单位联合着力打造研发"防返贫监测平台",创建省级乡村治理体系建设试点示范县目标,以数据质量为切入点,围绕防返贫动态监测和帮扶政策落实,利用互联网等信息技术为支撑,建立"线上预警及时化、入户采集精准化、政策落实透明化"的循环体系机制,把数据治理广泛用于防返贫工作监测中。该平台加强相关部门、单位数据共享和对接,根据国家政策设置防返贫预警线和保障线,经过汇总数据比对,返贫预警信息及时反馈,方便镇村及时核查,实现多重预警,有效保障返贫预警的准确性和时效性,确保农户底子全摸清、监测预警无遗漏,从而全面提升防返贫监测与帮扶工作质量。农户通过手机二维码不仅可以快捷全面地了解家庭采集信息情况、风险因素及纳入时间,还可以全面了解查阅帮扶政策情况、发放帮扶款等信息,让人民群众真真切切地看到资金流向,为政策落实提供坚实保障,确保群众满意、政策信息公开透明,提高了监测识别精准度、帮扶工作实效度和农户群众认可度。

为所有人开放式接入互联网提供均等机会。提高数字经济发展的包容性;加强知识分享和发展政策交流,引导企业、民间机构通过投资、教育、培训、技术创新应用等,帮助老年人、妇女、未成年人、残疾人等群体接入和使用互联网,进一步推动实现公平合理普遍的互联网接入、互联网技术的普及化、互联网语言的多样性。向不同人群,特别是老年人提供持续、稳定、普惠、开放的数字产品和服务,根据老年人需求特点,提供更多智能化适老产品和服务,不断改善老年人服务体验,确保人人共享互联网和数字技术发展成果。

保障发展中国家和平利用互联网基础资源和技术的权利。向发展中国家提供包括资金、技术转让、关键信息基础设施建设、人员培训等能力建设援助,推动发展中国家平等参与国际互联网基础资源管理和分配,确保发展中国家接入互联网的合法权益,全球范围内平等利用互联网基础资源和技术优势,实现全球互联网安全、稳定、联通。

加强生态环境领域的大数据运用。推动生态环境智慧治理,加快构建智慧高效的生态环境信息化体系,运用数字技术推动山水林田湖草沙一体化保护和系统治理,完善自然资源三维立体"一张图"和国土空间基础信息平台,构建以数字孪生流域为核心的智慧水利体系。在此基础上,倡导绿色智慧生活方式,加快数字化绿色化协同转型。

四、数字经济本身自带弥合"鸿沟"的功能

数字经济发展需要大家共同参与,发展成果应由大家共同分享。在一定场景下,社交媒体、跨境电商等数字经济发展模式,可以成为缩小数字鸿沟、推动利益共享的绝佳机会。2023年5月,美国蒙大拿州出台禁令,拟禁止在该州使用 TikTok,并提出在蒙大拿州的政府及第三方公司的设备上禁止使用微信、Temu 等中国应用,在当地乃至美国引起争议,尤其是影响到了小企业主、牧场主和退伍老兵的收入来源和水平,比如,在 TikTok 平台,通过介绍育儿、美食等心得,通过制作搞笑视频内容,通过创作心理健康、美妆等,都可以赚取收入。禁用 TikTok 等平台,被指是侵犯了公民的权利。禁用 Temu 直接后果之一,就是不利于低价商品偏好群体的购物。同月,TikTok 公司起诉美国蒙大拿州的禁令违法,违反了宪法第一修正案言论自由条款、法律体系中的联邦优先权设定、宪法的商业条款以及不得剥夺公民权法案内的条款。美众多民权组织和法律专家也指出,

该禁令涉嫌多处违宪。

经济数字化为各国特别是发展中国家提供重要发展机遇。国际社会应聚焦促进发展,推动国际合作与援助,携起手来共同推进信息基础设施建设,弥合数字鸿沟,加强对弱势群体的支持和帮助,促进公众数字素养和技能提升,充分发挥互联网和数字技术在抗击疫情、改善民生、消除贫困等方面的作用,加强数字产品创新供给,反对技术垄断和单边强制措施,维护全球数字技术产品和服务的供应链开放、安全、稳定,推动实现普惠平衡、协调包容、合作共赢、共享繁荣的全球数字经济格局,让更多国家和人民搭乘数字经济时代的快车。

第三节　攻坚克难,敢于斗争

中华民族伟大复兴,必然会遇到各种可以预料和难以预料的风险挑战、艰难险阻甚至惊涛骇浪,绝不是轻轻松松、敲锣打鼓就能实现的,必须增强忧患意识,坚持底线思维,居安思危、未雨绸缪。坚持底线思维,要求敢于担当、敢于斗争,下好先手棋、把握主动权,真正做到既尽力而为又量力而行。习近平总书记强调,新的时代条件下,我们要总结运用好党积累的伟大斗争精神,坚持底线思维,增强忧患意识,发扬斗争精神,掌握斗争策略,练就斗争本领。

当前所面临的国家安全问题复杂而艰巨。中央国家安全委员会坚持发扬斗争精神,以新安全格局保障新发展格局,推动发展和安全深度融合。2023 年 5 月 30 日,习近平总书记主持召开二十届中央国家安全委员会第一次会议时强调,国家安全工作要贯彻落实党的二十大决策部署,提升网络数据人工智能安全治理水平。

美国是数字技术输出的主要国家,在科技创新领域仍领先世界。由于存在受发达国家制约的"卡脖子"工程,底层技术原创性不足,行业面板、芯片设计、封装测试、通讯设备、光电、手机制造、电脑、5G、AI、物联网以及云端、大数据等领域的部分关键产品严重依赖进口。针对这种情况,就要发扬斗争精神,在科技创新一线担当作为,要提高数字技术基础研发能力,以关键共性技术为突破口,打好关键核心技术攻坚战,提升关键软硬件技术创新和供给能力,尽快实现高水平自立自强,以抗击来自外部随时可能升级的打压遏制,把发展数字经济自主权牢牢掌握在自己手中。

一、加强网络信息治理

互联网时代,个人隐私被泄露造成的后果祸害无穷。伴随数字经济的快速发展,非法收集、买卖、使用、泄露个人信息等违法行为日益增多,严重侵害了人民群众人身财产安全,影响了社会经济正常秩序。美国联邦贸易委员会曾指控,美国亚马逊旗下智能门铃公司 Ring 以及语音助手 Alexa 部门侵犯用户隐私。Ring 公司的摄像头产品被黑客入侵,一些入侵者观看用户视频,利用摄像头骚扰、威胁和侮辱用户;Alexa 部门违反儿童隐私法的指控,未能按照父母要求删除孩子录音。为此,亚马逊及Ring 公司总共支付 3000 多万美元罚金。ChatGPT 的颠覆式、跨越式发展,挑战法律体系、标准规则、权利保障和司法救济,潜在的冲击和风险不可忽视,带来异常复杂的监管困难。当前,亟须重视发现并通报涉及电信、金融、物流等重点行业信息系统及诊疗记录、健康码、人脸识别等领域的安全监管漏洞,切断网络犯罪利益链条,维护人民群众合法权益。

聚焦群众反映强烈的网络生态乱象,深入推进"清朗"系列专项行动。聚焦网络直播、短视频等领域,重点治理违法违规内容呈现乱象,有效遏制网络乱象滋生蔓延,持续塑造和净化网络生态。

我国针对个人信息侵权行为的密集性、隐蔽性、技术性等特点,加大违法行为处置力度,持续开展移动互联网应用程序违法违规收集使用个人信息专项治理,有效整治违法违规处理个人信息问题,有力遏制侵害用户个人信息权益的违法违规行为。同时,面对网络信息治理这一世界性难题,制定民法典、网络安全法、《互联网信息服务管理办法》等法律法规,明确网络信息内容传播规范和相关主体的责任,为治理危害国家安全、损害公共利益、侵害他人合法权益的违法信息提供了法律依据。2023年 10 月,科技部等十部门联合印发的《科技伦理审查办法(试行)》要求,利用个人信息数据等的科技活动需进行科技伦理审查;围绕具有舆论社会动员能力和社会意识引导能力的算法模型、应用程序及系统的研发,需制定"需要开展伦理审查复核的科技活动清单";从事人工智能等科技活动的单位,研究内容涉及科技伦理敏感领域的,应设立科技伦理(审查)委员会。

二、规范平台竞争失序

随着网络平台企业不断扩展自身的体量和实力,"掐尖式并购"、无正当理由屏蔽链接、"二选一"、大数据杀熟、流量挟持等妨碍市场公平竞争的问题也逐渐凸显。在支持网络平台企业创新发展的同时,我国依法规范和引导资本健康发展,采取多种执法举措治理平台竞争失序。聚焦大型网络平台价格欺诈、低价倾销等重点问题,通过行政约谈、行政指导、规则指引等多种监管手段,整治垄断和不正当竞争行为。围绕民生、金融、科技、传媒等重点行业,依法审查涉及平台经营者集中案件。

数字经济新业态新模式快速涌现,在为经济社会发展带来巨大动力和潜能的同时,也对社会治理、产业发展等提出了新的挑战。我国聚焦新业态新模式特定领域、特殊问题,完善电子合同订立和履行规则,将数据和网络虚拟财产纳入法律保护范围,促进数字经济发展。制定《国务院反垄断委员会关于平台经济领域的反垄断指南》《网络交易监督管理办法》《网络预约出租汽车经营服务管理暂行办法》《互联网信息服务算法推荐管理规定》《区块链信息服务管理规定》《网络借贷信息中介机构业务活动管理暂行办法》《在线旅游经营服务管理暂行规定》等政策法规,依法规制算法滥用、非法处理个人信息等行为,规范网约车、算法、区块链、互联网金融、在线旅游等新技术新业态,为平台经济健康运行提供明确规则指引。

三、精准打击涉数字经济犯罪

数字经济的快速发展为我们的社会带来了无数的机遇,但同时也伴随着新的犯罪形式和挑战。上海市杨浦区人民法院、人民检察院联合发布的《2018—2022 年涉数字经济犯罪案件司法白皮书》显示,2018 年至 2022 年,杨浦区人民法院共审结涉数字经济犯罪案件共 1157 件 2158 人,案件数量总体呈现波动式上升趋势。从犯罪特征上看,一是犯罪主体平台化,共同犯罪较多;二是犯罪手段复杂化,危害后果难以估算;三是涉案金额高、犯罪场域广、受害基数大。比如,在新型网络传销活动中,传销组织往往打着金融创新、投资理财、5G、区块链、共享经济等幌子从事传销活动,常见的表现形式为以合法企业外衣,借助互联网平台变相收取入门费、会费等,设置各种高额返利机制,激励会员发展下线,上线从直接或者间接发展的下线的销售业绩中计酬,或者以直接或者间接发展的人员数量作为计酬或返利依据,本质特征仍然是"拉人头""设层级"等,以骗取财物、扰乱市场秩序。

为维护数字经济繁荣发展,针对涉数字经济犯罪的特点与新态势,要强化全链条打击,推动精准化预防,强化数字化赋能,推进一体化治理。同时,坚持打击与保护并重,针对企业合规、知识产权保护等方面的问题,积极延伸各项司法职能,主动靠前服务,提供专业性司法意见,助力互联网企业提升法律和技术防护能力,切实做到以法治保安全、稳预期、提信心、促增长。

四、半导体工业"新粮食"出口管制

2023 年 7 月 3 日,商务部、海关总署发布公告,根据《中华人民共和国出口管制法》《中华人民共和国对外贸易法》《中华人民共和国海关法》有关规定,经国务院批准,自 2023 年 8 月 1 日起,决定对镓、锗相关物项实施出口管制。

稀有金属镓和锗在半导体材料、新能源等领域有着广泛应用,我国产量分别占全球产量达 90% 和 68%。其中,镓金属被称为"半导体工业新粮食",应用领域较多,但十分稀有。我国占全球探明金属镓储量 27.93 万吨的 68% 左右。我国是全球锗的氧化物及二氧化锗重要出口国之一,全球锗资源中国占比约为 41%。

近年来,有的国家胁迫拉拢其他国家对中国实施半导体打压围堵,人为推动产业脱钩断链,严重损害全球半导体产业发展。美国和荷兰对我国限制销售芯片制造设备,荷兰甚至要求先进芯片制造设备公司在出口之前须获得许可证,这种以行政手段干预企业之间的正常经贸往来的做法,冲击全球产供链的稳定。虽然围绕半导体出口管制问题开展过多层级、多频次的沟通磋商,但市场规则和国际经贸秩序正在遭受严重破坏。我国为维护国家安全和利益,必须果断采取措施,坚决维护自身的合法权益。

第四节　未雨绸缪,防范风险

坚持底线思维,要求凡事从坏处准备,努力争取最好的结果,做到有备无患。在数字经济实践中坚持底线思维,就必须积极应对各种风险挑战,防范各类风险叠加可能引发的经济风险、技术风险和社会稳定问题。2017年12月,习近平总书记在主持实施国家大数据战略集体学习时强调,要切实保障国家数据安全。要加强关键信息基础设施安全保护,强化国家关键数据资源保护能力,增强数据安全预警和溯源能力。要加强政策、监管、法律的统筹协调,加快法规制度建设。要制定数据资源确权、开放、流通、交易相关制度,完善数据产权保护制度。要加大对技术专利、数字版权、数字内容产品及个人隐私等的保护力度,维护广大人民群众利益、社会稳定、国家安全。《数字中国建设整体布局规划》指出,要筑牢可信可控的数字安全屏障。切实维护网络安全,完善网络安全法律法规和政策体系。增强数据安全保障能力,建立数据分类分级保护基础制度,健全网络数据监测预警和应急处置工作体系。

一、加快提高国产化率

为了通过切断中国购买或制造先进半导体的能力,减缓中国在人工智能和大数据等新兴领域的进步,美国对华为等企业进行了严厉制裁。但是,中国提升国产化率的进展一直在稳中有进。2023 年 8 月,华为 Mate 60 Pro 发布后,日本某实验室通过拆解这款手机发现,华为在手机制造领域正在做到去美国化。

为全力夯实人工智能底层基础,筑牢产业创新发展底座,北京市于 2023 年 5 月出台的《北京市加快建设具有全球影响力的人工智能创新策源地实施方案(2023—2025 年)》提出,推动国产人工智能芯片实现突破,积极引导大模型研发企业应用国产人工智能芯片,加快提升人工智能算力供给的国产化率。具体措施包括:面向人工智能云端分布式训练需求,开展通用高算力训练芯片研发;面向边缘端应用场景的低功耗需求,研制多模态智能传感芯片、自主智能决策执行芯片、高能效边缘端异构智能芯片;面向创新型芯片架构,探索可重构、存算一体、类脑计算、Chiplet 等创新架构路线。

二、捍卫半导体行业的全球化理念

半导体产业是一个全球化的产业,长期以来高度依赖全球分工与合作,任何人为撕裂全球产业体系的行为都会对全球人民的生活及发展造成不可估量的伤害。中国半导体市场始终坚持开放合作,与全球企业共同创造经济价值、共同促进科技进步。

中国半导体行业协会于 2006 年加入世界半导体理事会(WSC)。据海外媒体报道,美国、荷兰、日本三国政府达成协议,将对中国芯片制造施加新的设备出口管制和限制。此举如果成为现实,在对中国半导体产业造成巨大伤害的同时,也将对全球产业及经济造成难以估量的伤害,对全球最终消费者的利益造成长期伤害。2023年2月,就美日荷限制向中国出口相关芯片制造设备,中国半导体行业协会发布严正声明,明确提出三个反对:反对这一破坏现有全球半导体产业生态的行为,反对这一干涉全球贸易自由化、扭曲供需关系和供需平衡的行为,反对这一试图将中国半导体产业排除在全球产业体系及市场自由竞争之外的行为。

中日半导体产业相互依赖、相互促进。中国在上游原料制品、部件、封装领域具备一定优势,拥有丰富的半导体产品应用场景和最大半导体市场,而日本在半导体设备、材料、特定半导体产品、硬件集成等方面具有优势。中日半导体产业有着深厚的合作基础,中国企业对设备和材料的需求持续增长,日本半导体企业也高度重视中国市场,产业间形成了良好的合作互信关系。2023年3月31日,日本政府宣布修改《外汇及对外贸易法》,计划扩大半导体制造设备出口管制范围,涉及6大类23种设备。中国半导体行业协会认为,此次日本政府的出口管制措施将对全球半导体产业生态带来更大的不确定性。中国半导体行业协会反对这一干涉全球贸易自由化、扭曲供需关系的行为。希望日本政府能够坚持自由贸易原则,不要滥用出口管制措施,损害中日两国半导体产业的合作关系。

三、数字人民币

数字货币成为数字经济发展的基石。与发展中国家提升金融稳定性、深化金融普惠程度的目标不同,发达国家发行数字货币的目的,更侧重于巩固货币主权。比如,数字美元支持美元作为世界储备货币地位。当前,SWIFT(环球同业银行金融电讯协会)和CHIPS(纽约清算所银行同业支付系统)主导全球跨境支付系统。SWIFT定义了很多标准,统一了银行间的通讯格式,虽然提高了银行互相通信的效率,但SWIFT常常被发达国家作为金融制裁的手段。一国一旦被排除在交易体制外,将大幅限制其跨境商贸活动。美国把SWIFT控制在自己手里,作为对其他国家进行经济制裁的"金融核弹"。近年来,美国将中国排除SWIFT支付系统的极端情景假设,一度引发市场担忧。

人民币已成为国际上使用最广泛的货币之一。随着数字货币在跨境支付体系中的应用日渐成熟化,人民币的流通规模必将扩大,数字人民币将会为人民币国际化提供便利。数字人民币有望成为人民币国际化道路上的重要推手,为人民币跨境支付系统CIPS的全球应用提供便利条件。

在深圳,数字人民币的场景应用不断创新,数字人民币生态体系逐步完善,数字人民币已"飞入寻常百姓家",买菜、骑单车、点外卖、预订景点门票等,都可以使用数字人民币。2020年10月,"礼享罗湖数字人民币红包"作为数字人民币试点工作的"深圳样板",为数字人民币研发试点工作奠定基础。随后,深圳进一步探索面向香港居民开展数字人民币跨境支付测试,开展保险业数字人民币结算保费试点,先行在福田区加速优化数字人民币金融基础设施体系建设,首推全国公交领域"数字人民币联名卡",率先在预付式经营领域应用推广数字人民币。

四、加强风险防范全球合作

在信息领域不能有双重标准,各国都有权维护自己的信息安全,不能一个国家安全而其他国家不安全,一部分国家安全而另一部分国家不安全,更不能牺牲别国安全谋求自身所谓绝对安全,但个别国家推行网络霸权主义,将互联网作为维护霸权的工具,搞"小圈子""脱钩断链",对世界和平与发展构成新的威胁。

网络空间安全面临的形势日益复杂,所以,既要防范非法采集他国公民个人信息,遏制滥用信息技术对他国进行大规模监控,反对利用信息技术破坏他国关键基础设施或窃取重要数据,也要坚持团结合作,防止数字治理规则分裂和碎片化,防范网络和数字领域在全球范围内出现两个市场、两套标准、两条供应链。尤其要加强关键信息基础设施保护和数据安全国际合作,维护信息技术中立和产业全球化,共同遏制信息技术滥用,同时避免将数字技术泛安全化,并警惕由泛安全化所可能导致的数字经济领域国际合作停滞不前或脱钩断链。

数字经济发展红利惠及全球,依法促进数字经济发展和繁荣,符合世界各国人民利益。数字经济治理是数字文明建设的重要成果。面对数字化带来的机遇和挑战,我国尊重各国根据自身国情自主选择数字发展道路,采取更加积极、包容、协调、普惠的政策,推动发挥政府、国际组织、互联网企业、技术社群、社会组织、公民个人等各主体作用,同国际社会一道践行共商共建共享的全球治理观,推动全球信息基础设施加快普及,共同推动全球数字经济治理法治化进程,让数字文明发展成果更好造福各国人民,共同创造人类美好未来。

策划编辑:刘敬文

责任编辑:刘敬文   王新明

图书在版编目(CIP)数据

从七种思维看数字经济/郑新立,刘西友 编著. —北京:
　 人民出版社,2024.1
ISBN 978-7-01-026299-4

Ⅰ.①从… Ⅱ.①郑…②刘… Ⅲ.①信息经济-研究 Ⅳ.①F49

中国国家版本馆 CIP 数据核字(2024)第 017531 号

从七种思维看数字经济

CONG QIZHONG SIWEI KAN SHUZI JINGJI

郑新立　 刘西友　 编著

人民出版社 出版发行

(100706　 北京市东城区隆福寺街 99 号)

北京汇林印务有限公司印刷　　 新华书店经销

2024 年 1 月第 1 版　 2024 年 1 月北京第 1 次印刷
开本:880 毫米×1230 毫米 1/32　 印张:6.625
字数:130 千字

ISBN 978-7-01-026299-4　 定价:36.00 元

邮购地址 100706　 北京市东城区隆福寺街 99 号
人民东方图书销售中心　 电话 (010)65250042　 65289539